1910 e.V. (Hg.) & Christoph Nagel

FC St. Pauli Album

Unvergessliche Sprüche, Fotos, Anekdoten

Bildnachweis

Archiv 1910 e.V.: 8 (4), 9 (2), 28/29, 44/45, 48 (o.), 50/51, 56/57, 60/61, 68/69, 72/73, 74, 86, 88/89, 102, 104/5, 109 (u.), 123, 136 (u.)

basch: 54, 144 (u.)

Gerd Bitzer: 5, 47

bontempo concepts: 158 (o.)

Thorsten Baering: 23, 34 (u.), 78

Olaf Bartsch: 37 (u.)

Fabian Boll: 30 (u.)

Peter Böhmer: 1

Renate Bruhn: 48 (u.l.)

Sven Brux: 60 (m.), 87 (o., l.)

Lina-Kristin Drahl: 82 (o.), 119 (u.)

Fanladen St. Pauli: RS (m.), 88 (o.l.), 109 (o.m.), 124 (m.)

FCSP Medien: 18, 21 (u.), 38, 42 (l.) 42, 65 (o.), 75, 85 (m.), 93 (u.), 107 (u.), 120 (u.r.), 121 (u.), 139 (o.)

Fanräume e.V.: 99 (o.), 148 (m.)

Antje Frohmüller: 5, 6 (o.), 7, 15 (o.), 16 (o.), 17 (o.), 43 (u.), 52 (2), 53 (o.), 59 (u.), 92, 126 (2), 150 (u.r.), 154 (u.), 155 (r., 3)

Getty Images: 79 (u.), 108 (o.r.)

Stefan Groenveld: 2/3, 20 (o.), 25 (u.), 76 (r.), 77 (4), 84, 115 (u.r.), 142 (o.), 144 (o.), 149 (u.r.)

Ralph Gunesch: 133 (u.)

Robin Himmelmann: 19 (u.), 39 (o.)

Imago: Cover (Naki), RS (Lienen, Mannschaft), 11 (u.), 15 (u.), 17 (u.), 21 (m.), 26, 36, 40 (o., u.), 48 (u.r.), 49 (u.), 55 (m.), 58 (m.), 62 (m.), 83 (u.), 91, 95, 97, 101 (u.), 110 (r.), 113 (r.), 118 (u.), 119 (m.), 122 (2), 125 (r.), 127 (u.), 130 (r.), 134 (o.), 140, 143 (o.), 146 (o.), 148 (u.), 151 (u.), 152 (u.), 154 (u.)

Jan-Philipp Kalla: 19 (u.r.)

Kiezkieker: 114 (o.)

Gebhard Krewitt: 75

Sabrina Adeline Nagel: 158 (u.l.)

Christoph Nagel: 98 (2 u.), 103 (o.), 128 (o.)

Michael Pahl: 103 (u.), 113 (o.)

Herbert Perl: 87 (2.v.o.)

Der Spanier: 31 (o.), 35 (2)

Guido Schröter: 14 (u.), 111 (u.)

Selim Sudheimer: 70 (o.)

Der Übersteiger: 11 (o.), 22 (m.), 30 (m.), 42 (u.), 109 (o.r.), 124 (o.), 130 (l.), 143 (r.), 144 (l.), 145 (o.)

Viva con Agua: 106 (r.)

Jan Weckwerth: 143 (l.)

Gerd Wedemann: 37 (o.)

Witters: Cover (Trulsen), RS (l.o.), 31 (u.), 38 (m.), 41 (o.), 46 (m.), 60 (u.), 62 (o.), 66, 132 (u.), 123 (u.)

Thorsten Wulff: 122 (o.r.)

Harry Wunstorf: 69 (u r.)

Nicht in allen Fällen konnte die Urheberschaft an den Fotos ermittelt werden. Der Verlag bittet um entsprechende Hinweise, um berechtigte Ansprüche abzugelten.

Bibliografische Information der Deutschen Nationalbibliothek: Die Deutsche Nationalbibliothek verzeichnet diese Publikation in der Deutschen Nationalbibliografie; detaillierte bibliografische Daten sind im Internet über http://dnb.d-nb.de abrufbar.

2. Auflage 2017
Copyright © 2016 Verlag Die Werkstatt GmbH
Lotzestraße 22a, D-37083 Göttingen
www.werkstatt-verlag.de
Alle Rechte vorbehalten.
Satz und Gestaltung: Die Werkstatt Medien-Produktion GmbH
Druck und Bindung: Grafisches Centrum Cuno, Calbe

ISBN 978-3-7307-0202-4

1910 e.V. (Hg.) & Christoph Nagel

FC St. Pauli
Album

Unvergessliche Sprüche,
Fotos, Anekdoten

VERLAG DIE WERKSTATT

Matchplan

Alle Laufwege durch dieses Buch sind richtig!
Hier ein paar Tipps:

»Ein **Walter Frosch** spielt nur in der A-Mannschaft oder in der Weltauswahl.«
Mehr Walter Frosch? Gibt's z.B. auf S. 10, 62, 90, 116 und 152

»Das ganze Stadion war im **Jubeltrauma!**«
(André Trulsen)
Mehr Aufstiegsekstase? S. 44, 60, 78, 104, 126 und 154

»Würde es geh'n, würde ich dich umarmen: Das hier ist Fußball **– das hier sind Dramen!**«
(Thees Uhlmann)
Mehr ALLES: Inhaltsverzeichnis auf Seite 156!

»Wenn ich das sehe, **wie die St. Paulianer in unserem Stadion feiern,** dann könnte ich kotzen, ehrlich.«
(Bastian Reinhardt)
Mehr Derbyfieber? S. 86 und 92

»Wenn wir keine Lizenz bekommen, **kaufe ich den DFB!**«
(Max Uhlig)
Mehr Irrwitz aus der braun-weißen Zeitmaschine? S. 8, 28, 48, 68, 88, 108 und 130

Liebe Leserinnen, liebe Leser,

wenn ihr auf diese Zeilen stoßt, ist entweder was verdammt Gutes passiert, oder es könnte gleich passieren. Der Ball liegt sozusagen direkt auf der Linie, oder er zappelt schon im Netz.

Falls ihr an diese Stelle gelangt seid, weil ihr dieses Buch gekauft oder geschenkt bekommen habt: Volltreffer! Sicher verwandelt! Falls ihr irgendwo im Laden steht und überlegt, ob ihr es euch wirklich zulegen sollt: Worauf wartet ihr noch?

Da ist erst mal das Buch selbst: randvoll mit braun-weißen Gänsehautmomenten, Geschichten und Geistesblitzen. Eine Menge davon steht noch in keinem anderen Buch. Es muss Hunderte von Stunden gedauert haben, das alles auszugraben und zusammenzutragen. Das Ergebnis ist extrem unterhaltsam. Und trotzdem so kompakt, dass es sogar in den Kofferraum von Deniz Nakis Lamborghini passen würde. Kann also auch auf Auswärtstouren mitkommen.

Und dann ist da noch eine zweite Sache: Dieses Buch ist nicht nur ein Buch, sondern auch ein Baustein. Seine Erlöse helfen, ein Museum zu bauen, wie es die Welt noch nicht gesehen hat – für einen Verein, wie ihn die Welt noch nicht gesehen hat. Wir meinen das FC St. Pauli-Museum in der Gegengerade.

Das wird von einem unabhängigen Verein geplant, finanziert und gebaut, den Fans 2012 gegründet haben. Sein Name ist 1910 – Museum für den FC St. Pauli e.V., und wir unterstützen ihn als Museumspaten. Weil wir glauben, dass dort in der Gegengerade ein ganz besonderer Ort entstehen wird.

Ein paar Verrückte, die eine Sache wichtig finden und sie einfach punkrockmäßig durchziehen, anstatt auf andere zu warten: Das hat Tradition auf St. Pauli. So ist schon der Fanladen entstanden und Viva con Agua, die Fanräume, der St. Pauli-Totenschädel – und zig andere Dinge, die den FC St. Pauli erst zu dem machen, was er ist. Finden wir gut. Und darum empfehlen wir auch dieses Buch!

Viel Spaß damit wünschen:

Eure 1910 e.V.-Museumspaten

Fabian Boll, Jan-Philipp Kalla, Benedikt Pliquett und Timo Schultz

P.S. Übrigens kann jeder bei 1910 e.V. Mitglied werden. Guckt einfach mal unter www.1910-museum.de nach!

Spielertunnel

»The club that **stands for all the right things** … except winning.«

(Sportjournalist Uli Hesse im New Yorker »EightByEight Magazine«)

»Für mich ist jedes Spiel am Millerntor ein überragendes Spiel.«

(André Trulsen – Fußballgott)

»*Das schönste Ritual im deutschen Fußball:* Die letzten sieben Minuten vor dem Anpfiff ist im Stadion nichts zu hören, kein Werbespot, keine Durchsage vom Stadionsprecher, nichts, nur die Gesänge der Fans. Bis dann die Mannschaften einlaufen, zu ›Hells Bells‹ von AC/DC.«

(»Der Spiegel« träumt vom »Magischen FC«.)

»Ich habe einige Male in Manchester gepfiffen, auch im Nou Camp des FC Barcelona, aber das **Millerntor** ist einzigartig!«

(Markus Merk, langjähriger FIFA-Schiedsrichter)

»Jeder normale FCSP-Fan hält sich an nix, außer an drei Regeln: **nicht zu spät, keinen Schwarzmarkt und keine Nazis.**«

(FC-St.-Pauli-Fan Georg E. Möller auf Facebook)

»Soccer's coolest club«
(CNN)

»Liebe (immer), **Trauer** (häufig) und **Gottesbeweise** (Bayern)«

(Nach dem 2:1 im »Weltpokalsiegerbesieger«-Spiel beschreibt Musiker, Autor und »Übersteiger«-Kolumnist Thees Uhlmann, warum er St.-Pauli-Fan ist.)

»Ja, dieses Sich-nicht-unterkriegen-Lassen, um dann doch alle paar Jahre so eine Überraschung aus dem Hut zu zaubern wie im DFB-Pokal. Dann laufen hier Champions-League-Helden mit angeekelten Gesichtern auf dem Platz rum und sehen gegen uns richtig alt aus.«

(Musiker Bela B über Identifikation und »das verzweifelte Ankämpfen gegen das Unvermeidliche«)

»Bayern München hat die Pokale aufzuweisen und die Stars, und **wir haben das Gefühl.**«

(»T-Shirt-Verkäufer« Hendrik Lüttmer)

Fans nehmen Abschied von der alten Gegengerade.

»Mittlerweile könnte der FC St. Pauli wahrscheinlich bei einer Kandidatur bei der Bürgerschaftswahl **problemlos die Fünf-Prozent-Hürde überspringen.**«

(Journalist Patrick Gensing)

Zeitmaschine: Anno 1910

Ab 1909 waren die Vereinsfarben Braun und Weiß, hier ein Wimpel aus den frühen Jahren.

»Wahlspruch des Bierturners« (1910)

18 Novemb. 1910.

Wahlspruch des Bierturners

Frisch soll das Bier sein, Fromm soll der Wirth sein, Froh soll'n die Gäste sein, Frei müsst die Zeche sein.

Ausputzer »Heini« Schwalbe war Fußballpionier am Millerntor.

»Es wird, so wir's hoffen, auch heute wie sonst gesoffen.«

(Aus der ältesten erhaltenen »Vereinszeitung« – noch handgemalt – der Fußballer des späteren FC St. Pauli)

»In der Hauptsache ist natürlich gespielt worden;

und es währte nicht lange, bis wir Dank der äußerst tüchtigen und eifrigen Leitung imstande waren, Wettspielmannschaften zu stellen …«

(Aus der Vereinszeitung des Hamburg-St. Pauli-Turnvereins, 1915)

JUGENDLIEDER
(MEL.: ZU MANTUN IN BANDEN---)

WAS SEH'N WIR AUF DEM FELDE, ZWEI
TORE AUFGEBAUT, JA AUFGEBAUT
UND HINTER DIESEM TORE STEH'N
SPIELER, BRAUN UND WEISS, JA BRAUN
UND WEISS,
UND FRAGT IHR WER DIE SPIELER SIND
SO SAGT ES EUCH EIN JEDES KIND:
: DAS SIND DIE FUSSBALLSPIELER
VOM ST. PAULI FUSSBALL-CLUB:!

DIE STÜRMER, DIE BESITZEN EIN' ZIEMLICH SICHERN
SCHUSS, JA SICHERN SCHUSS.
DANN KOMMEN DIE DREI LAUFER, DIE SIND JA GANZ
FAMOS, JA GANZ FAMOS.
DIE ENDBACKS MIT DEM KRUMMEN BEIN, DIE SCHLAGEN
ALLES KURZ UND KLEIN,
:UND IN DEM TOR STEHT BORGWARTH, DE HÄLT DIE
BÄLLE FEIN!:!

:EIN HIPP-HIPP-HURRA,
EIN HIPP-HIPP-HURRA
DEM ST. PAULI FUSSBALL-CLUB!!!

Das älteste erhaltene FCSP-Lied

1910 ist das offizielle **Gründungsjahr des FC St. Pauli.** Dabei gibt es ihn eigentlich schon viel länger. Würde man nach seinem Vorgänger gehen, hieße er »FC St. Pauli von 1862 e.V.« – nach dem »Hamburg-St. Pauli-Turnverein«. In dessen 1896 gegründeten Spielabteilung wurde ab 1899 auch Fußball gespielt – auf einer provisorischen, mit Steinen, Nägeln und Glas durchsetzten Spielfläche neben der **vereinseigenen Turnhalle** auf dem **Heiligengeistfeld.** Während heute der Fußball im Mittelpunkt des Medieninteresses steht, **galten die frühen Kiezkicker als Exoten.** Immer wieder versuchten die Vertreter des turnenden »Mainstreams«, die ungeliebte Spielabteilung aufzulösen. Doch die hielt durch, meldete ihre Fußballer 1910 für **reguläre Punktspiele** an – und machte sich **1924** als FC St. Pauli selbstständig.

Eine Anzeige der Spielabteilung aus dem Jahr 1908

Spielabteilung des Hamburg-St. Pauli-Turnvereins.

Spielzeiten: Sonntags: 9–1 Uhr vormittags.

Fussball Faustball

Leiter der Spiele: H. Rechtern.　　Teilnahme ist jedem Mitglied gestattet.

Starschnitt ....
Walter Frosch #1

1976–82	
170*	⚽
	22**

»**Frechster** Außenverteidiger
im bezahlten deutschen Fußball
(18 Gelbe Karten), Spezialist für Wetten,
Raucher. Stand mit Kaiserslautern
im vergangenen Jahr im deutschen
Pokalfinale. Auto: BMW 2500.«

*(Aus der Kurzvorstellung der 1977er-Mannschaft des
FC St. Pauli im »Hamburger Abendblatt«)*

Menschlich gesehen

Frosch mit Gelbsucht

»**Saufen, Rauchen, Frauen** – ohne
eines von den drei Lastern wirst du
nie ein guter Sportler.«

(Ratschlag Walter Froschs aus den 70ern)

»Ein Walter Frosch spielt nur **in der
A-Mannschaft oder in der Weltauswahl**.«

*(1976: Ob der Herr Frosch sich vorstellen könnte, für die B-Nationalelf zu
spielen? Die Antwort an Jupp Derwall, zu dieser Zeit Co-Trainer von Helmut
Schön, ließ an Klarheit nichts zu wünschen übrig.)*

»**Ich trinke immer Bier.**
Auch wenn der **Papst**
neben mir sitzt.«

(Gesegneten Durst, »Froschi«!)

»Mit Walter Frosch konnte man **Kriege** gewinnen!«

(Uwe Mackensen, Mannschaftskamerad ab 1979)

* Liga-Spiele
**Liga-Tore

»Ich fühle mich als **Einstellungs-Millionär.**
Mit den Geld-Millionären möchte ich nicht tauschen. Da
müsste ich ja immer krampfhaft versuchen, den Zaster
vor dem Finanzamt zu retten …«

*(Walter Frosch im November 1997 – ein Jahr nach einer
siebeneinhalbstündigen Krebs-OP)*

»Ich will irgendwann
wieder Fußball spielen und
werde über 80 Jahre alt.«

(Walter Frosch, 2009)

„Böser Bube" Frosch steigt auf
Der FC St. Pauli-Verteidiger hat die meisten Gelben Karten: 18

Gegenüber dem Vorjahr (789 Ver- | Grünther (Preußen Münster), Rnjic, | (Wattenscheid 09), Dudda (Vf.
warnungen) gab es eine Steigerung | Kuballa (Union Solingen), Ham- | Wolfsburg).
um 50 Gelbe Karten auf 839. | mes (Wattenscheid 09). | **Die** Verwarnungsrangliste der
„Böser Bube" der 2. Liga Nord ist | 7 **Gelbe Karten:** Fetkenheuer | Vereine:

Um keinen anderen FC-St.-Pauli-Spieler ranken sich so viele Legenden wie um
den eisenharten Verteidiger Walter Frosch, der von sich selbst sagte: **»Mein
schwerster Gegner war immer die Kneipe.«**
Wer genauer hinschaut, bemerkt schnell, dass »Froschi« mehr war als die
kettenrauchende und zechende Kultfigur, als die er sich selbst gern darstellte.
So zählte auch die Autorin, Schauspielerin und überzeugte Feministin Peggy
Parnass ihn zu ihren Freunden: **»Walter war nicht nur als
Fußballer einzigartig, sondern ist auch als Mensch
unvergleichlich: tapfer, lebensbejahend und treu«,**
schrieb sie 2010, drei Jahre vor seinem Tod.
Sagenhafte 27 Gelbe Karten soll Walter Frosch in der Aufstiegssaison 1976/77
kassiert haben. In Wahrheit waren es nur 18, aber auch das war Rekord – und
einer der Gründe für die spätere Einführung der Gelb-Sperre. Da klingt das Urteil
seines Mannschaftskameraden Jürgen Rynio überraschend: **»Walter war
schnell und konnte fast körperlos spielen«,** erinnert
sich der Keeper. **»Den ›Kartenkönig‹ hätte er gar nicht
nötig gehabt.«**

Mixed Zone #1

»Trainer kommen, Trainer gehen. **Flüchtlinge bleiben.**«

(November 2013: Fanpappe in der Südkurve zur Entlassung des damaligen Trainers Michael Frontzeck – später zum »Fußballspruch des Jahres« der Deutschen Akademie für Fußballkultur nominiert)

»Sieg very important! St. Pauli **Zweite Liga no chance!**«

(1990: WM-Teilnehmer und FCSP-Angreifer Ivo Knofliczek kann sich einen Abstieg des damaligen Erstligisten nicht vorstellen.)

AC/DC ST.PAULI
(in memoriam Salson 90/91)
1. Zanderstruck
2. Ain't no fun waiting round to be a Millerntor
3. Olck eat Olck
4. Golke hearted man
5. Whole lotta Manzi
6. (She's got) The Knoflicek
7. Let's Ippig up
8. Ottens down in flames
9. Rock and Roll Dammann
10. There's Gronau be some rockin'

»Es ist komisch, seitdem ich bei St. Pauli bin, **schießen sie mich alle an**.«

(Achim »Ho-Ho-Hollerieth« nach zwei gehaltenen Strafstößen im »Elfmeterkrimi« gegen Bielefeld am 1. September 2003)

»Mein Traum ist es, **Weltmeister** zu werden. Träumen darf man ja.«

(Akaki Gogia)

»Wenn ich koksen würde, denke ich, würde ich heute die ganze Zeit sagen: ›**Ich leg mir noch mal eine Lienen!**‹«

(Thees Uhlmann nach dem Herzschlag-Finale gegen Darmstadt, 2015)

»Bernhard, merk dir: *Ball und Spieler zusammen* – einer allein kann nix machen.«

(Bernhard Olck erinnert sich an den guten Rat seines ehemaligen Aachener Mitspielers Rolf Grünther.)

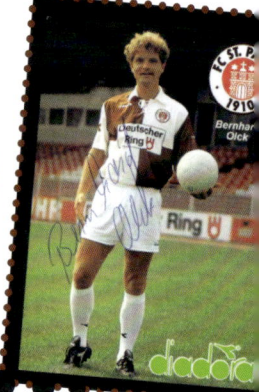

»Wir sind das Olck!«

(Fans widmen dem rustikalen Verteidiger Bernhard Olck einen Sprechchor.)

»Bei St. Pauli gab es so etwas nicht. Da hat der Ippig einfach gesagt: **›Jungs, heute ist in einer Kneipe in Altona ein Kickerturnier – da gibt's auch Bier umsonst!‹** Da sind wir dann mit vier Mann hingefahren und hatten einen netten Abend.«

(Nach seinem Abschied vom FC St. Pauli wundert sich André Golke über das »Verdonnert-Werden« zu Fanclubtreffen beim 1. FC Nürnberg.)

Samstagmorgen in Hamburg: Vorm Aufbruch zum Auswärtsspiel in Düsseldorf muss die braun-weiße Mannschaft feststellen, dass unbekannte »Rothosen«-Fans den schönen Totenkopf-Bus mit den hässlichen Buchstaben »H«, »S« und »V« verunstaltet haben. Grund zur Aufregung? Von wegen: Die Kiezkicker beauftragen einfach selbst einen Sprayer, der die Botschaft aus »St. Ellingen« flugs um die fehlenden Details ergänzt. Endstand: **»16.02.2011 ST. PAULI VS. HSV 1:0«** – Fans und Medien sind begeistert.

Starschnitt
Klaus Thomforde

1983–99	
359	⚽
	0

»Klaus Thomforde heißt **»Langer«.**
Mehr fiel den Kollegen nicht
ein. Klaus ist ein Mann und ein
Torhüter ohne Ecken.«
(»Hamburger Abendblatt«, Juli 1989)

»Das ist wie bei einem Karatekämpfer,
der bis in die letzte Faser seines Körpers
angespannt ist und **einen Backstein
zertrümmert, ohne Schmerz
zu empfinden**.«
*(Schluss mit dem »Schwiegersohn-Image«:
Nach einem Trainingslager in Spanien Anfang
der 90er erfand Thomforde sich neu.)*

*Vor seiner »Tierwerdung« wirkte
»Fausto Klaus« noch so, wie man
sich einen Mann seines Berufs
vorstellt: Er war Finanzbeamter im
niedersächsischen Zeven.*

»In der 1. Liga die Bälle zu
halten, finde ich total geil.
Da geht mir voll einer ab!«
*(Zweites Spiel – zweiter Sieg: Ekstase
nach dem 2:0 beim SC Freiburg am
18. August 1995)*

»Ich habe mich
unter Kontrolle.«
*(Im Oktober 1995 musste das »Tier im
Tor« das schon mal extra dazusagen.)*

»Dieser Ausspruch von mir wurde natürlich ausgeschlachtet. Aber daraus lernte ich immerhin, dass man **erst zum Duschen gehen sollte und dann Interviews geben** ...«

(2008: »Thomma«, inzwischen abgekühlt, über sein berühmtes 1995er-Zitat)

Klaus Thomforde im Jahr 2010

Reporter: »Sind Sie ähnliche Typen, Sie und der Mario Basler?«

Thomforde: »Nein. **Er ist 'n Superfußballer, ich bin keiner!**«

Moderator: »Die ›Münchner Abendzeitung‹ schreibt: ›Klaus Thomforde hat einen Gesichtsausdruck, der selbst **Hollywood-Psychopath Anthony Perkins das Fürchten lehrt**.‹ Können Sie damit leben?«

Thomforde (lacht): **»Wenn's denn so aussieht!«**

»Andy Möller hatte nach dem Zusammenprall **nicht mehr die Nerven, sich Thomforde zu nähern.«**

(Der Dortmunder Spielmacher macht seinem Ruf als »Mimose« alle Ehre, findet ein Fernsehjournalist.)

Der wütende Thomforde während eines Spiels in der Saison 1996/97.

»Ein Gentleman schweigt und genießt, **ein Thomforde schreit und tobt.«**

(Einspieler im TV-Magazin »Sport 3«)

Spieler, hört die Signale

**Zwischen Ironie und Wahnsinn:
Die Kunst des Zwischenrufs wird auch am
Millerntor
großgeschrieben.**

»Nie wieder Krieg,
nie wieder Faschismus,
nie **wieder 3. Liga**!«
(Fan-Schlachtruf von 1986)

»Die Mauer
muss **weg**!«
(Zu »Wende«-Zeiten beim Freistoß)

Hertha-Fans: »Arbeitslose! Arbeitslose!«
Antwort der St.-Pauli-Fans:
»Steuerzahler! Steuerzahler!«

»Schiri! Ich bin stocknüchtern! Und
was du da **zusammenpfeifst**,
find ich total scheiße!«
(Frust und Durst hinterlassen ihre Spuren.)

»Rapolder! Rapolder!
Lass dein Haar herunter!«
*(Der märchenhaft gut frisierte Gästetrainer der TuS Koblenz
hat es auch den FCSP-Fans angetan.)*

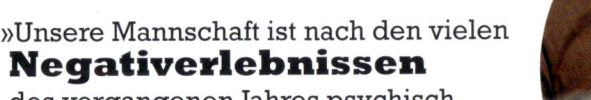

»Unsere Mannschaft ist nach den vielen **Negativerlebnissen** des vergangenen Jahres psychisch noch nicht ganz gefestigt. **Deshalb kommt unseren Fans eine ganz besondere Bedeutung zu.** Sie sind ja ohnehin leidgeprüft und leidensfähig. Ich hoffe, sie werden bei Fehlpässen **weder pfeifen noch raunen** – das könnte zur Verunsicherung der Spieler beitragen. Aber das darf nicht sein. Wir müssen unbedingt gewinnen!«

(Cheftrainer und Psychologe in einer Person: Franz Gerber im Abstiegskampf 2003)

»Nicht raunen!«

(Gerbers Wunsch war den Fans Befehl: Ein neuer Lieblings-Zwischenruf nach Fehlpässen war geboren.)

»Hey! Schiri! **Pfeif doch auf der Insel**, die du dafür bekommen hast!«
(Es muss nicht immer »Hoyzer« sein.)

Franz Gerber auf dem Zaun

»Hoch und weit, Jungs. HOCH UND WEIT!«
(Moderner Fußball? Schnickschnack, findet ein Nordkurven-Steher.)

Starschnitt
Jan-Philipp Kalla

Seit 2003
129*
4*
* Stand bei Drucklegung

Kalla: »Ich hatte sie alle: **Dieter Schlindwein, Dirk Zander, Stani ...**«

MillernTon: »Dafür bist du ein **erstaunlich filigraner Fußballer** geworden.«

Kalla (lachend): »Das hör ich **zum ersten Mal!**«

(Im Fan-Podcast »MillernTon« erzählt Kalla über seine Trainer.)

»Meine Mutter hat mich als Kleinkind so genannt. Es hatte wohl was mit meiner **Schlafposition** zu tun.«

(Warum ein schneller Defensivmann »Schnecke« heißt? In der Fan-Gala »Kessel Braun-Weißes« liefert Kalla die Erklärung.)

»Ich bleib jetzt nicht jedes Mal stehen, wenn ich irgendwo auf der Wiese 'ne **Schnecke** seh. Aber ich hab mir zum Beispiel eine auf den Arm tätowiert.«

»Seit wir letztes Jahr bei der Saisoneröffnung waren und ›Schnecke‹ meiner Tochter (inzwischen 3 Jahre alt) einen Keks angeboten hat, heißen die bei uns nur noch

›Schneckulatius‹.«

(Fan-Kommentar auf der Facebook-Seite des FC St. Pauli)

»Ich hab heute gerade gelesen, dass ich kein Cristiano Ronaldo wär. Aber zwischen Dieter Schlindwein und Cristiano Ronaldo ist ein bisschen Spielraum!«

»**Stürmer** ist wohl das Einzige, was ich noch nicht gespielt habe.«

(Über die vielen Positionen in seiner langen Karriere)

»Ich spiele ab neuer Saison **nur noch auf der 10!**«

(Scherzhafte Kampfansage am Ende der Spielzeit 2014/15)

»Ich glaube, **wenn du mich ins Tor stellst**, bekomme ich das auch irgendwie hin.«

• • • • • • • • • •

»Mein **Berater** hatte nicht viel zu tun mit mir.«

(Nüchterne Feststellung nach zwölf Jahren beim FC St. Pauli)

2015: Nach dem Klassenerhalt in Darmstadt fahren »Schnecke« Kalla und Robin Himmelmann (hinter der Kamera) im Fanzug zurück.

Tiefpass –
Genie trifft Wahnsinn

»**Links** ist ähnlich wie **rechts**, nur auf der anderen Seite.«

(Vom Einsatz auf ungewohnter Position zu höheren Sphären: Patrick Funks Philosophie-Exkurs nach einem FCSP-Testspiel gegen Werder Bremen brachte ihm den Titel »Fußballspruch des Jahres 2013«.)

Interviewer: »Und unsere letzte Frage.
Wer war zuerst da –
das Huhn oder das Ei?«

Florian Lechner: »Das Ei.«

Interviewer: »Und wer hat das Ei gelegt?«

Lechner: »**Nicht das Huhn!** Von Haus aus würde jetzt jeder sagen: das Huhn. Aber es gab da ja noch nicht immer ein Huhn. Daher **das Ei.**«

(Ringen um die ganz großen Fragen im Fanzine »Out of Control« des Fanklubs »Gehirn Amputierte Szene«)

»Ich würde gerne mal ein **Buch über meine Beerdigung** schreiben.«

(Corny Littmann träumt von höheren Bewusstseinsebenen.)

»Man sagt ja ›**Mit den Augen und Ohren sehen und hören**‹. Und danach richte ich mich.«

(Dennis Daube hat alle Sinne beisammen.)

»Was hat der **liebe Gott** sich bei den **Bremsen** gedacht? **Hauke Brückner** hat vorhin gesagt, das ist alles ein großer Plan. Er mag Recht haben. Ich weiß nur nicht, was ich mit meinem Blut dazu beitrage. **Aber was soll die Gazelle sagen, wenn sie über den Löwen reden soll?«**

(Ewald Lienen verwandelt eine Insektenattacke im Trainingslager in Tiefsinn.)

»Leben ist ja **Veränderung**. Gott sei Dank.«

(Volker Ippig – immer offen für Neues)

»Man wird im Leben mal durch Türen geschubst. **Wobei ich mir in diesem Fall selbst einen Schubs gegeben habe.«**

(Thomas Meggle über seinen Wechsel von der Trainer- zur Sportdirektorenposition im Dezember 2014)

Thomas Meggle als Denker unter Kuscheltieren (im Mai 2013)

Ganz nah am Nirvana: Zum Heimspiel gegen Leverkusen erschien die Stadionzeitung »Viva St. Pauli« 2010 erstmals **»OHNE TITEL«**. In »Vizekusen« war man nur mäßig amüsiert …

Starschnitt
Leo Manzi

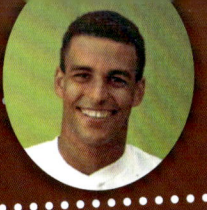

1989–96	
112	
	16

»Sobald er in die Nähe der Kugel kam, **ging ein Raunen durch die Ränge.**«

(Dezember 1995: Das »belanglose Gekicke« am Millerntor lässt »taz«-Reporter Benjamin von Stuckrad-Barre kalt. Die umjubelte Einwechslung von Publikumsliebling »Leeeeeeooooooo« Manzi nicht.)

»Was fordern die? **Manzi raus?**«

(September 1990: VfB Stuttgarts Präsident Gerhard Mayer-Vorfelder ist verwirrt. Dabei hatten die St.-Pauli-Fans aus Protest gegen NS-Symbole im VfB-Block natürlich nichts anderes gerufen als »Nazis raus!«.)

»Der FC St. Pauli öffnete mit Leonardo Manzi dem deutschen Publikum die Augen für die bis dahin unvorstellbare Möglichkeit, dass es **Brasilianer gibt, die nicht kicken können** – bevor Borussia Dortmund bewies, dass man dafür auch noch Millionen bezahlen kann.«

(Christoph Biermann am 9. März 2000 in der »taz«)

Stärken? »Tore schießen.«

Schwächen? »**Ich habe noch keine bei mir entdeckt.**«

(1989: Bei seiner Präsentation gibt sich die Neuverpflichtung Leonardo Manzi, Stürmer vom Pelé-Klub FC Santos, mehr als selbstbewusst.)

»Das Millerntor wäre nicht das Millerntor, wenn **fußballerische Qualitäten** jemals Einfluss auf den Beliebtheitsgrad eines Spielers gehabt hätten.«

(»Der Übersteiger«)

»Goldköpfchen Manzi«

(Schlagzeile der »taz« zum Saisonfinale 1992/93: Manzis Tor gegen Hannover 96 sicherte dem FC St. Pauli den 17. Platz in der vereinigungsbedingt größeren zweiten Liga – und damit den Klassenerhalt.)

»Kam Leos **Mama** zu Besuch, war er gut, da hat er sich zusammengerissen. Als sie wieder weg war, hat er sich zu viel um zu viele Mädchen gekümmert.«

(Masseur Ronald »Wolli« Wollmann)

»Gegen den KSC wurde Leo einmal mit voller Wucht zwischen den Beinen getroffen und krümmte sich vor Schmerzen. Als Schiri Merk fragte, ob er weiterkicken könne, mimte Leo eine Schwangere und schrie: **›Mein Baby, mein Baby!‹«**

(1999: Peter Benckendorff, langjähriger Mannschaftsarzt, erinnert sich)

»Weil es **Leo** ist. Und weil nur **Leo** so spielt wie **Leo**.«

(Das Fanzine »Übersteiger« auf die selbstgestellte Frage, warum gerade Leo Manzi so innig »geliebt, gefeiert und fast vergöttert« werde)

1989: Der »Spiegel« ist wenig beeindruckt von St. Paulis neuem Brasilianer.

FUSSBALL

Mic und Mac

Mit möglichst vielen Toren will sich die Bundesliga aus ihrer Misere schießen. Doch die Neueinkäufe lassen daran zweifeln.

Stolz trägt der Mann die Nummer 10 des Spielmachers auf dem Rücken. Den Ball eng am Fuß, tänzelt er grinsend an der Außenlinie entlang. Dann allerdings, als ein energischer Manndecker zur Beingrätsche ansetzen will, produziert der dunkelhäutige Techniker vor Schreck einen Fehlpaß.

Das Mißgeschick wird dem Brasilianer Leonardo Manzi, 20, großmütig nachgesehen. Ehrfurchtsvoll reichen die versammelten Fans des FC St. Pauli dem neuen Star Papier und Filzstift zum Autogramm. Manzi, der dem Bundesligateam in der kommenden Saison zu spielerischem Glanz verhelfen soll, kommt schließlich vom legendären Pelé-Klub FC Santos.

Daß der vermeintliche Wunderstürmer bei einem Testspiel schon nach 45 Minuten mit Zehenkrämpfen aufgeben mußte, kann die Vereinsführung nicht irritieren. Klubarzt Peter Benckendorff diagnostiziert lapidar, der kleine Pelé vom Kiez habe „ein paar Probleme mit den Füßen": „Der Junge bekommt erst mal Schuhe mit Einlagen."

Freds vom Jupiter

»Wir hoffen, dass das im Sommer online geht unter **Sanktpauli Bindestrich Forum Punkt De,** und hoffen natürlich auf viele Teilnehmer und auch auf viele Postings.«

(Die Hoffnungen von Mit-Initiator Norbert Harz im Film »Wir waren Absteiger Nummer 1« sollten sich mehr als erfüllen. Lange vor Facebook und Twitter wurde das Fanforum ab 2001 zu DER braun-weißen Diskussionsplattform im Netz. Bis heute wird dort debattiert, dass die Diskussions-Threads – auch liebevoll »Freds« genannt – glühen. Nicht immer kompetent, stets leidenschaftlich – und oft auch humorvoll, mal freiwillig, mal weniger.)

»Fakt ist auf jeden Fall, dass wir an Spieltagen von der Tüte nicht wegkommen, weil es fürs Stadion leider das Praktischste ist.«

(Der »T-Shirt-Verkäufer« vom Fanshop ringt unfreiwillig mit dem Betäubungsmittelgesetz.)

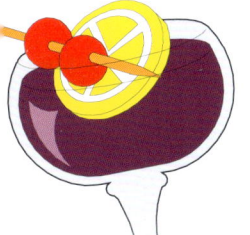

»Schönen Gruß an die **27 Seiten im St.-Pauli-Forum**!«

(AFM-Radio-Kommentator Wolf Schmidt nach einem Tor des heiß diskutierten Jan-Philipp Kalla gegen Kaiserslautern)

»**Nachts Erotik, tagsüber Comedy?** Die machen sich's aber auch leicht …«

(Reaktion des Users »OldFrizz« auf die Ankündigung einer Liveschalte des Fernsehsenders »Sport1« zu einem nachmittäglichen HSV-Testspiel in der Provinz)

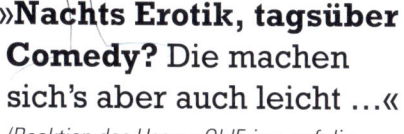

»Das Geheimnis ist doch, knallhartes Training und moderne Motivationsmethoden zu kombinieren: **Medizinbälle mit Smileys drauf** …«

(»Brunnenhofer« zum Thema »Mentalcoaching/Sportpsychologie beim FC St. Pauli«)

»Es ist keine Woche her, da sollte ein **Auslaufkind für Dennis Daube** spielen – und heute ist er ein Freistoßgott.«

(Die Gezeiten des Forums wechseln schnell, weiß User »Gehtsnoch?«.)

Milhouse: »Die Mitglieder der Bowling-Abteilung haben vermutlich auch andere Prioritäten als die der AFM.«

Tommy: »Das ist schnell erklärt: **Die Mitglieder der Bowling-Abteilung geben sich die Kugel, die der AFM geben sich die Kante.**«

(Tommy Molotow, Urgestein der Abteilung Fördernde Mitglieder beim FC St. Pauli, kennt die Rituale seines Lieblingsvereins wie kein Zweiter.)

»**Pinochet hat in den Wettkampfbetrieb eingegriffen** und beim 5:2-Auswärtssieg unserer Zweiten bei Chemnitz II viermal eingenetzt! Bemerkenswert! Ich hoffe, er spielt bald in unserer Ersten!«

(Ein stürmender Diktator? Vielleicht meint User »Pausentee« doch eher Nils Pichinot, im Bild 2. v. l. …)

Starschnitt ....
Ewald Lienen #1

»Ich hatte auch aus der Entfernung immer eine große **Affinität zum FC St. Pauli**. Ein Klub, der für Werte steht, die viele meiner Freunde und ich schon immer vorbehaltlos unterschrieben hätten.«

(Dezember 2014: Ewald Lienen wird Cheftrainer beim FC St. Pauli. Der Mann, der 1985 für die »Friedensliste« kandidierte und die Initiative »Sportler für den Frieden« sowie die Fußballergewerkschaft VDV mit ins Leben rief, und der »etwas andere Verein« sind endlich eins.)

»Refugees welcome«: Ewald Lienen beim Testspiel gegen Dortmund, 2015

»Mit Lenin in den **Klassenkampf**«

(Fantransparent kurz nach Lienens Amtsantritt)

»Ich habe mit **61 Jahren** gerade erst akzeptiert, dass es richtig war, die aktive Laufbahn zu beenden. Wie soll ich da jetzt schon über mein Ende als Trainer nachdenken?«

(Über seine Motivation, beim FC St. Pauli eine neue Herausforderung anzunehmen)

»Das war schon **Hardcore**.«

(Über seine Trainer-Premiere beim Spiel FC St. Pauli gegen Ingolstadt)

»Nachdem alles klar war, haben mir die Spieler **diese Mütze und diese Brille aufgesetzt** und mich gebeten, so auch auf die Pressekonferenz zu gehen. War kein Problem für mich.«

(Vor seinem Engagement beim FC St. Pauli bewahrte Ewald Lienen den rumänischen Erstligisten Otelul Galati vorm Abstieg – und überzeugte im Fernsehen auch mit seinem Outfit.)

»Zu Beginn meiner Tätigkeit beim **AEK Athen** musste ich ein gemeinsames Frühstück einführen, weil einige Spieler mit knurrendem Magen zum Training kamen.«

(Auch vor St. Pauli kannte Ewald Lienen Extremsituationen – zum Beispiel in Griechenland vom Oktober 2012 bis April 2013.)

»Ehrlich gesagt habe ich schon Probleme, meine tägliche Arbeit zu bewerkstelligen, weil wir permanent in Diskussionszirkeln und Arbeitsgruppen sitzen. **Manchmal schmeckt der Tee aber nicht so gut!**«

(Ironische Antwort auf die Frage, wie ausgeprägt die Debattenkultur unter der 2014 gewählten Vereinsführung sei)

»Was interessiert mich **deine Verlängerung?**«

(November 1978: Lienens Ehefrau Rosi ist sauer. Wegen der Nachspielzeit im UEFA-Cup-Spiel gegen Benfica Lissabon hat ihr Ehemann, damals Stürmer bei Borussia Mönchengladbach, sie nicht wie vereinbart vom Gewerkschaftsplenum abgeholt.)

Zeitmaschine:
die 1950er

St. Pauli stark verjüngt

Selten standen die Sterne am Millerntor so günstig

Wozu der VfB Lübeck fähig ist, daß hat sich in H...

Tabellenführer - St. Paulis einziges Ziel!

Sonntag, 15.00 Uhr, Millerntor

FC St. Pauli – Bergedorf 85

...e Chance haben die Braunhosen seit den Tagen von Sump nicht mehr gehabt: Ta-

»Eines ist wirklich sicher:
dass die Tragik St. Pauli kennt.«

*(Thees Uhlmanns Lied stimmte schon 50 Jahre,
bevor er es schrieb.)*

*Unser breites Eingangstor zum Millerntorplatz ist ebenso praktisch für den Durchlaß großer Zuschauermassen,
wie es sich stilvoll der Umgebung anpaßt.*

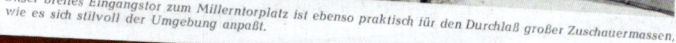

Hamburger Derby
klar für St. Pauli

Wunder gibt es nimmer wieder?

Der Umbau nach dem altersbedingten Ende der »Wunderelf« wollte dem FC St. Pauli nicht so recht gelingen. Zwar spielte er bis zur Einführung der Bundesliga (1963) durchgehend erstklassig in der Oberliga Nord – doch um die Meisterschaft lediglich ein einziges Mal. Dumm nur, dass ausgerechnet in diesem Jahr die sonst übliche Meisterschafts-Endrunde der Erst- und Zweitplatzierten verkürzt wurde, um genug Zeit für die Vorbereitung zur WM 1954 zu schaffen. **So durfte allein der Tabellenerste Hannover 96 ran – und St. Pauli als Zweiter ging leer aus.** Wenn man so will, könnte das »Wunder von Bern« den FC St. Pauli möglicherweise um die Meisterschaft gebracht haben …

Starschnitt
Fabian Boll #1

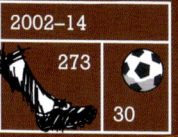

2002–14	
273	⚽
	30

»**Als wärt ihr nie weg gewesen**: Bene – Louis-Vuitton-Tasche, Deniz Naki – geklautes Auto, beide Torhüter 'ne Fahne … Wie immer!«

(Beim Frühstück vor seinem Abschiedsspiel begrüßt Fabian Boll seine »Höllenhunde«.)

»**Nach zwölf Jahren Fußballheld jetzt nur noch Beamtengeld.** Wir sehen uns auf der Straße!«

(Abschiedstransparent von »Ultrà Sankt Pauli« bei Bolls letztem Heimspiel)

»FußBollgott«
(Transparent auf der Nordtribüne)

»Chaosfraktion Bad Bramstedt«
(Name des nicht mehr existierenden FCSP-Fanklubs, den Fabian Boll mitgründete)

»Wäre St. Pauli in der zweiten Liga geblieben, **wäre ich niemals im Profifußball gelandet.**«

(2003: Die erste Mannschaft stieg ab, Fabian Boll stieg auf – aus der zweiten Mannschaft, die gerade Meister der vierten Liga geworden war.)

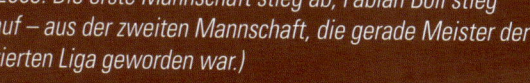

»Beim ersten Training nach dem Totalabsturz waren wir nur elf Spieler. Jeder, der ein paar Fußballschuhe besaß, durfte vorspielen. **Heute würde man das Casting nennen.**«

(Neuaufbau nach Abstieg und Beinahe-Pleite im Sommer 2003)

»Mein erster großer Aufreger war das ›Retter‹-Spiel 2003 gegen die Superstars des FC Bayern. Aufregung pur. Als die ersten Minuten liefen, stellte mich Stadionsprecher Rainer Wulff vor: **›Er kam von unseren Amateuren – und ist im Hauptberuf Polizist.‹** Großes Gemurmel auf den Tribünen …«

»Mit 15 stand ich auf der Nordtribüne, wechselte allerdings mit den Jungs schnell in die ›Singing Area‹ auf der Gegengerade. **Weil deren Bereich begehrt und bis oben hin voll war, haben wir die Karten untereinander listig weitergereicht,** damit wir alle zusammen sein konnten.«

(Kriminelle Energie, Herr Kommissar?)

Heute nicht mehr vorstellbar: In der A-Jugend spielte Fabian Boll zeitweilig beim Hamburger SV. »Zum Glück nur ein Jahr«, sagt er: **»Da musste ich mir keine Gedanken machen, dass das abfärbt.«** Aus seinen braun-weißen Sympathien machte er kein Geheimnis: **»Ich habe da auch mal im St.-Pauli-Trikot trainiert. Das fand der HSV-Jugendleiter nicht so lustig.«** Fotos der Guerilla-Aktion sind leider nicht überliefert – aber die Gesichtsfarbe der Verantwortlichen dürfte sich der traditionell knallroten Hosenfarbe des Stadtrivalen angeglichen haben …

»Es war brutal, eine Gefühlseruption!«

(2010: Beim ersten Bundesligaderby am Millerntor schießt Boll das 1:0 gegen den HSV.)

Großes Kino:
Ippig im Sportstudio

*5. November 1988: Nach dem
0:0 am Millerntor gegen Bayern
München empfängt Bernd Heller
einen tiefenentspannten Volker Ippig
zum Talk im »Aktuellen Sportstudio«
des ZDF. Was folgt, sollte
Fernsehgeschichte schreiben.
Hier einige Highlights.*

Heller: *Herr Ippig, wie ist das Wechselspiel zwischen
Zuschauern und Spielern und Torhüter in Hamburg?*
Ippig: *Joa, also, pffffff… Wir geben unser Bestes, sie
geben uns ihr Bestes, also die Zuschauer auch, und so
läuft das dann halt, ne? Das steigert sich dann so langsam
(gestikuliert).*

Heller: *Stimmt denn das mit diesem Sturzacker, mitten
in der Stadt?*
Ippig: *Joa, also … Der Beste ist es ja sicher nicht, aber
… Also Fußball spielen kann man drauf.*

Heller: *Also ich meine, bei der Fußball-Bundesliga sollte
man natürlich schon erwarten, dass da Spielbedingungen
vorherrschen, die erstklassig sind. Sieht man das anders
da bei Ihnen in Hamburg?*
Ippig: *Nö, das sieht man sicher nicht anders, aber…
Das ist nun halt unser Stadion, wir sind in die erste Liga
aufgestiegen, und das ist unser Rasen.* **Und dann,
wenn die zu uns kommen, dann müssen sie sich damit
abfinden, ganz einfach, ne?**
Publikum: *lacht*

Heller: *Gut, damit kann man leben – vielleicht kriegen Sie ja mal 'nen Rasenmäher geschenkt oder sowas in der Richtung. Ne Rasenwalze oder so was?*

Ippig (gelassen nickend): *Joa …* **Man zu!**

Heller: *Sie waren mal als Aufbauhelfer in Nicaragua, Sie haben mal in der Hafenstraße gewohnt, Sie haben sich kurzfristig vom Profifußball verabschiedet, Sie haben gesagt, da will ich nichts mehr mit zu tun haben, dann hat man Sie händeringend zum FC St. Pauli zurückholen wollen, dann waren Sie gerade in Nicaragua damals, haben gesagt, nein, ich mach die sechs Monate, die ich beim Aufbau einer Gesundheitszentrale dort verbringen möchte, noch durch, und nun sind Sie wieder Fußballprofi.* **Ich will's mal so formulieren: Nicaragua, Hafenstraße, Fußballprofi – da hab ich ein bisschen Schwierigkeiten, das alles auf die Reihe zu kriegen, und Sie?**

Ippig: *Tjoa … Also, hab ich nich', die Schwierigkeit, muss ich ganz ehrlich sagen, ne?*

Publikum: *lacht*

Heller: *Ok. Volker Ippig, es warten jetzt sicherlich noch einige Aufgaben auf Sie in dieser Bundesliga. Ich wünsche, dass Sie mit dem FC St. Pauli noch weiterhin für Stimmung sorgen, dass sich das im Rahmen hält, äh, nehme ich mal an, das wird gelingen …*

Ippig: *Joa.*

das aktuelle sport-

Heller: *Denn es gibt ja genug besonnene Leute auch beim FC St. Pauli, die das schon richten werden.*

Ippig: *Joa, denk ich auch, genau.*

Heller: *Alles Gute für Sie in dieser Saison.*

Publikum: *applaudiert*

Starschnitt
André Trulsen

»Jeder **St.-Pauli-Tag** war ein glücklicher Tag.«

(André Trulsen nach seinem Abschied als Co-Trainer)

1986–1991, 1994-02, 2005	
384	⚽
	28
Co-Trainer/Trainer 2004–11	

»Auf St. Pauli hätte Gott die **2**.«

(Fantransparent mit Trulsens Rückennummer)

»Für die Fans des FC St. Pauli ist er der ›**Fußballgott**‹. Seine Spieler und Kollegen rufen ihn ›**Truller**‹. Doch nur Eingeweihte kennen André Trulsen auch unter dem rätselhaften Pseudonym ›**Kuchen**‹.«

(»Hamburger Abendblatt«)

»Ein richtiges **Krümelmonster**.«

(Nico Patschinski über André Trulsen)

»Truller kam mal mit zwölf Stück Butterkuchen in den Bus und sagte, die wären für das Trainerteam. **Er hat sie alle allein weggehauen.**«

(Fabian Boll)

»Als Truller in Köln weggeschickt wurde, nach Lurup ging und dann von uns wieder geholt wurde, hat der sich **'n Loch in' Arsch** gefreut!«

(Zeugwart Klaus »Bubu« Bubke über die Zeit zwischen 1993 und 1994)

Reporter: »Sie sind seit über einem Jahr arbeitslos. Ihr Ex-Chef Holger Stanislawski ist inzwischen Filialleiter eines Hamburger Supermarkts. Warum sind Sie nicht mit eingestiegen?«

Trulsen: »Der **Job an der Kuchentheke** war leider schon vergeben!«

(2015, wenig später wechselte Trulsen als Co-Trainer zum VfB Stuttgart.)

»Früher gab es nur zwei Zeitungen und zwei Fernsehsender. Da warst du nicht gleich am nächsten Tag in den Medien oder wurdest mit dem Handy aufgenommen, wenn du irgendwo auf der Bank geschlafen hast, weil du nicht mehr den Weg nach Hause gefunden hast.«

(Über die gute alte Zeit)

»Eine Woche bis zum nächsten Spiel: Wenn das dazwischenliegt, finde ich es **in Ordnung, wenn man mal losgeht und auch mal einen über den Durst trinkt.** Weil ich das damals als Spieler auch gut gefunden habe.«

(Co-Trainer Trulsen weiß, worauf es ankommt.)

»Ich habe praktisch den **Höhepunkt meiner Karriere** erreicht. So was wie hier kann ich nicht mehr toppen.«

(2011: 1:8 gegen Bayern im letzten Heimspiel als Co-Trainer – die Fans applaudieren trotzdem. Trulsen ist gerührt.)

TRULL♥VE

Küchen-VIPs:
im alten Clubheim

»Wenn wir gewonnen haben, haben wir unten in der Kabine schon mal ein, zwei Bierchen getrunken, auch mal drei. Da hatte der Trainer direkt nach dem Spiel auch nix gegen. **Oben im Klubhaus hat man sich dann schnell auf einen gewissen Pegel geeinigt.**«

(Ex-Mannschaftskapitän Jürgen Gronau über Entmüdungsstrategien à la 1988)

»Es gab eigentlich nach jedem Heimspiel 'ne große Feier. **Egal ob man gewonnen oder verloren hat.**«

(Mittelfeldmann Michael Dahms)

Februar 2002: Die zukünftigen »Weltpokalsiegerbesieger- besiegten« Hoeneß und Rummenigge kommen am Klubheim an.

»Alle haben geraucht. Oder die meisten. Und **wenn der Trainer reinkam, stand ich in der Nebenküche mit zehn Zigaretten** in der Hand.«

(Brigitte, langjährige Klubheim-Wirtin, über Spieler als Schlote)

»Wir hatten ein paar passionierte Biertrinker.«

(Stümer André Golke über den Durst der 88er-Aufsteiger)

»**In der Küche konnten wir ausgelassener trinken und rauchen**, weil es nicht gleich für jeden zu sehen war.«

(André Trulsen über den ersten »VIP-Raum« der Vereinsgeschichte)

»Irgendwann sagte Brigitte, das war die Klubheim-Wirtin: ›Komm mal rein.‹ Und dann geht da so ein Vorhang auf, und dann siehst du da die ganzen Spieler, die du vorher auf dem Rasen angefeuert hast, auf **Bierkisten, Kartoffelsäcken und sonst was** sitzen, gezapftes Bier vor sich und Kippe im Mund.«

(AFM-Radio-Kommentator Wolf Schmidt erinnert sich an den Tag, an dem er erstmals ins »Allerheiligste« durfte.)

Wenn die Fans der 12. Mann sind, war das alte Klubheim samt Kabinen manchmal der 13. In der Saison 1977/78 besiegte es den Frankfurter Nationalspieler Jürgen Grabowski beinahe im Alleingang, erinnert sich Verteidiger Gino Ferrin:
»Weil es in der Gästekabine am Millerntor damals keine Toilette gab, musste Grabowski nach oben **ins Klubheim, wo die ganzen Wahnsinnigen rumkrakeelt haben.** Der kam sofort mit blassem Gesicht wieder runter: ›Da oben kann ich unmöglich auf Toilette gehen.‹ **Und so hat er dann auch gespielt …**«

»**Die Schiedsrichter haben nach dem Spiel auch immer gut bei uns getrunken.** Wobei: Einmal hab ich das verweigert. Da haben die uns so verpfiffen, dass ich gesagt habe: Nee. Denen bring ich nix!«

(Brigitte, langjährige Klubheim-Wirtin)

»Einen **silbernen Löffel, eine Kachel und eine Kakerlake** in einer Pappschachtel.«

(Alles, was St. Paulis Organisationsleiter Sven Brux nach eigenen Angaben aus dem alten Klubheim retten konnte, bevor es abgerissen wurde)

Starschnitt ....
Lennart Thy ....

»Mir wär's lieber,
**er würd' die Tore ein bisschen
verteilen** und nicht alle auf einmal
raushauen. Aber von mir aus nächste
Woche gerne wieder!«

2012-16, 2017	
107*	⚽
	18*

* Stand bei Drucklegung

*(November 2015: Daniel Buballa ist beeindruckt von der vierfachen
Treffsicherheit seines Teamkameraden gegen Düsseldorf.)*

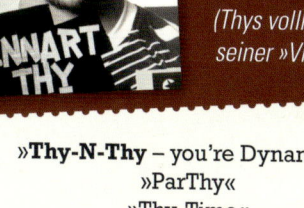

LENNART
THY

»Ich hatte meine **Hose** immer so
tief unten hängen und habe sie höher
gezogen. Das war ein Tipp unseres
Athletiktrainers. Er meinte, ich habe
dann einen besseren Laufstil.«

*(Thys vollkommen logische Begründung
seiner »Vier-Tore-Nacht«)*

»**Thy-N-Thy** – you're Dynamite!«
»ParThy«
»Thy-Time«
»**Thy Amo!**«
»Thytan«
»Is this illusion or **RealiTHY**?«
»Thynamo«
»Klasse **Thymleistung**!«
»**Thypisch St. Pauli!**«
»ForThyna Düsseldorf«
»There will be an answer: **Lenny Thy**!«

*(Willkommen in der Wortspielhölle: Nach
Thys Viererpack gegen Düsseldorf glühten
die sozialen Medien.)*

Starschnitt ·················
Robin Himmelmann

»Der heißt zwar **Himmelmann**, ist aber ein **extrem geerdeter** Typ.«

(No jokes with names? Kommentator Wolff-Christoph Fuss konnte einfach nicht widerstehen …)

Seit 2012	
70*	⚽
0*	

* Stand bei Drucklegung

HIMMELMANN
Dieser Denker macht St. Pauli dichter!

»Den **Maulwurf** hatte ich schnell abgehakt.«

(Über den unebenen Boden, der beim Auswärtsspiel gegen Union Berlin ein Gegentor »vorbereitete«)

»The **Sky-Man** is the Limit!«

(Titel einer Folge des »MillernTon«-Podcasts)

»**Nur so schaffen wir das:**
Himmelmann
Himmelmann – Himmelmann – Himmelmann – Himmelmann
Himmelmann – Himmelmann
Himmelmann – Himmelmann – Himmelmann
Himmelmann«

(Februar 2015: User »Zappi42« im Fanforum hat den Rest der Mannschaft im Abstiegskampf längst aufgegeben.)

Fanpost von Greta (7 Jahre alt)

39

Haarscharf #1

»In der kurzen Zeit, wo ich hier bin, habe ich schon einige Journalisten gesehen und viele kuriose Fragen gehört. Das fing damit an, **ob ich schon einen Frisör gefunden hätte**. Das war mit die **erste Frage**!«

(Marc Rzatkowski)

»Alle lieben Flo. Er ist höflich, ehrlich, der Inbegriff eines perfekten Menschen – bis auf seine Haare. Er wurde früher schon ›Mütze‹ genannt, weil seine Haare im trockenen Zustand so aussehen. Manchmal rufen wir ihn auch ›**Lord Helmchen**‹.«

(Der langjährige Team-Manager Christian Bönig über Florian Bruns)

»»Ratsches‹ 11 Lieblingssongs? Fragt ihn doch lieber nach seinen **11 Lieblingsfrisuren**!«

(Ein FC-St.-Pauli-FM-Hörer via Twitter)

»Gefühlt hat er **150 verschiedene Frisuren** gehabt.«

(Fabian Boll über Michél Mazingu-Dinzey)

»**Lelle mag es gar nicht**, wenn man sich über seine Frisuren lustig macht.«

(Christian Bönig über Florian Lechner)

Top gestylt: Hauke Brückner, Heiko Ansorge und Florian Lechner (von links)

»Für meine **Freiheit** gebe ich alles. Nur meine Haare nicht.«
(Walter Frosch)

Zumindest einer wusste immer, wo der Frosch die Locken hat …

»Ich habe extra mein Haar **geföhnt**, um besonders gut **köpfen** zu können.«
(Klaus Ottens)

»**Ich hatte als Schüler schon lange Haare.** In dem Dorf, in dem ich aufgewachsen bin, war ich der Einzige, der so rumlief. Aber das war mir egal, ich habe mich nie an anderen orientiert. Meinen Pony habe ich mir irgendwann selbst geschnitten, damit ich besser sehen konnte. Meine Frau regt sich heute noch auf, wenn ich an meinen Haaren rumsäbele …«
(Ewald Lienen)

41

Starschnitt
Holger Stanislawski #1

1993–2004	
261	
18	
Cheftrainer/ Teamchef 2006–11	

»Er ist der **Leuchtturm** im Meer der uneingelösten Versprechungen.«

(September 2001: Das »Hamburger Abendblatt« über St. Paulis »Nummer 21«, den Verteidiger Holger Stanislawski)

»Mein Zimmernachbar Nico Patschinski und ich, **wir schreien immer noch kurz vorm Einschlafen in die Decke**. Da lässt du den Druck raus. Hat nichts genützt.«

(Nach der verspielten Aufstiegschance gegen Hannover 96 am 13.5.2001)

»Ich trinke schon sehr gerne Kaffee. Eigentlich **lieber als Wasser**.«

(2010: Koffein-Geständnis im »Aktuellen Sportstudio«)

»Ich will **die beste Elf**, nicht die besten elf.«

(Stanislawskis Motto als Trainer)

»Wir verloren sein erstes Spiel als Trainer am 25. November 2006 mit 0:3 bei Dynamo Dresden. Hinterher sagte er: ›**Jungs, ich bin überzeugt, dass wir aufsteigen werden.**‹«

(Fabian Boll)

April 2009: Endlich Fußball-Lehrer – Stanislawski wird vom Teamchef wieder zum Cheftrainer.

»Man dachte sofort an einen Aprilscherz.
Wenn es jetzt nicht Juni wäre.«

*(2014: Nach Trainerstationen auf St. Pauli, in Hoffenheim und beim
1. FC Köln übernimmt Stanislawski die Leitung einer Supermarktfiliale.
Das Fußballmagazin »Kicker« versteht die Welt nicht mehr.)*

»Es geht darum zu motivieren.
Das ist im Fußball nicht
anders als im Supermarkt.«

*(Holger Stanislawski kann nichts
Ungewöhnliches an seinem neuen Job
erkennen.)*

»Er ist ja wirklich akribisch, was das angeht.
Er hat mir auch schon Vorträge über Wein, Eier,
Fleisch und wirklich auch Käse gehalten.«

(Auch Fabian Boll kennt »Stani« schon lange als Lebensmittelexperten.)

»Ich muss nicht 500 Käsesorten
kennen.«

(Trotzdem hat alles seine Grenzen, stellt »Stani« klar.)

»Er hat einen Kaffeeverbrauch
wie ein vielköpfiger
Debattierkreis.«

(»Die Zeit«)

»Normalerweise hätte man dafür jeden
aus dem Stadion prügeln müssen.«

*(1:8 gegen den FC Bayern München: Sein letztes
Heimspiel als FCSP-Trainer hatte sich Stanislawski
irgendwie anders vorgestellt.)*

Die Kunst des Aufstiegs: 1977

»An einem solchen Tag trinke ich auch mal
30 oder 40 Glas Bier.«

(Walter Frosch)

»Helden sind sie,
Hamburgs neue Helden,
aber sie wissen es gar nicht.
Ein bisschen schüchtern,
unverdorben, ohne Starallüren –
eine Mannschaft zum
Knuddeln.«

(»Bild« schwärmt von den 77er-Aufsteigern.)

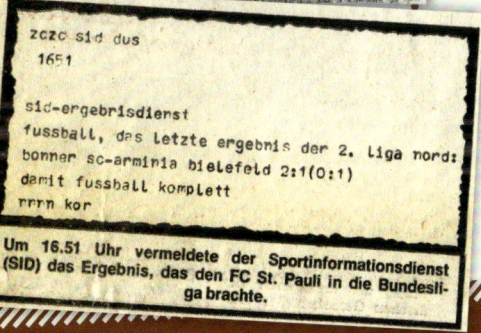

„Don Ernesto" zahlte die Zeche der Nacht, in der St. Pauli erstklassig war

St. Paulis Präsident Ernst Schacht, Walter Frosch und eine schöne Maid

Diese Aufstiegsfeier war eine runde Sache! Von 21 Uhr bis in den frühen Morgentranken, tanzten und jubelten St. Paulis (Erstliga-)Asse Walter Frosch, Gino Ferrin, „Buttje" Rosenfeldt, Wolfgang Kulka, Manfred Mannebach, Walter Oswauld und Rolf Höfert in Horst Blankenburgs „Bierbrunnen", wo „Blankes" Ehefrau Roswitha

strahlte: „So nette Gäste hatte ich selten!" Und so trinkste Gäste auch`. . .

Dann trug besonders Präsident „Don Ernesto" Schacht bei, der freigiebig ausschenken ließ und gönnerhaft auch die beträchtliche Zeche der Nacht übernahm. „Unser Präsident — das ist eben einer", zeigte sich Kapitän Rolf Höfert begeistert. Derweil fach-

simpelten die „St.-Pauli-Zwillinge" Mannebach und Osswald über Fußball, flirteten Gino Ferrin und Walter Frosch mit der Damenwelt, war Ligaobmann Werner Pokropp der zufriedenste Mann auf Gottes Erdboden".

Kurzum: Es wurde gelacht, getrunken und geschunkelt. St. Pauli ist eben erstklassig — auch im Feiern!   M.S.

In der Aufstiegsnacht freute sich jeder über jeden. Da gratulierte Franz Gerber Conchita Höfert (Foto oben links); da prosteten sich Gino Ferrin und

eine hübsche Verehrerin auf ungewöhnliche Weise zu (Foto oben rechts); und schließlich verpaßte Walter Oswauld Kapitän Rolf Höfert eine Zigarre

```
zczc sid dus
1651

sid-ergebnisdienst
fussball, das letzte ergebnis der 2. liga nord:
bonner sc-arminia bielefeld 2:1(0:1)
damit fussball komplett
rrrn kor
```

Um 16.51 Uhr vermeldete der Sportinformationsdienst (SID) das Ergebnis, das den FC St. Pauli in die Bundesliga brachte.

Erstklassige Sause:
Zeitungsaussschnitt von 1977

»Die ›Rothosen‹ feierten im selben Lokal ihren Sieg im Europapokal der Pokalsieger. Allerdings feierten die eher verhalten, während **die St. Paulianer zechten, als wären sie Weltmeister geworden!**«

(Mittelfeldspieler Dieter Schiller über die Aufstiegsfeierlichkeiten im »Bierbrunnen« von HSV-Verteidiger Horst Blankenburg)

»Die meisten von uns gingen gern mal einen trinken, und so haben wir **den Aufstieg auch fast ein Jahr lang gefeiert.**«

(Walter Frosch)

Sensation am drittletzten Spieltag:
St. Pauli siegte 1:0 durch Niels Tune-Hansen in Herford, Verfolger
Bielefeld unterlag – endlich 1. Bundesliga!

45

Starschnitt
Benedikt Pliquett

»Bene ist **mehr St. Pauli** als wir alle.«

(Holger Stanislawski nach dem Derbysieg 2011)

2004–13	
43	0

»Und IHR habt mich **vom Hof gejagt!**«

(Nach dem Derby-Schlusspfiff erinnert sich Benedikt Pliquett an seine kurze Zeit in der U23 des HSV.)

»St. Pauli liebe ich. Das kommt **zu 100 Prozent von Herzen**.«

HAMBURGER
MOR
GEN
POST
www.mopo.de

GUTTENBERG UNTER DRUCK

Uni stellt „Dr. Klau" Ultimatum

EROTIK MESS
25.–27.02.

Wie St. Paulis verrückter Keeper Pliquett zum umstrittenen Helden des Derbys wurde

Die süße Rache des HSV-Hassers

»Bene litt unter dem Belastungs-Tourette-Syndrom und hat unflätig geschimpft, wenn er nur im Training ein Tor kassierte. **Wenn Schulklassen zusahen, hätte man ihn eigentlich wie im TV ›überpiepsen‹ müssen.**«

(Fabian Boll)

»Bene ist wirklich ein cooler Typ, ich verstehe mich super mit ihm. Aber **er hat auch seine eigene Welt und ist ein Freak.**«

(Marius Ebbers)

»Wir verstehen uns super.

Du beschwerst dich nicht mal, wenn ich mit meiner lauten Zahnbürste, übrigens der Porsche unter den E-Geräten, schon früh morgens meine Zähne putze. Und du liegst schon mal nackt auf dem Bett und hörst Musik. Das ist Harmonie, oder?«

(Fabian Boll an seinen langjährigen Zimmernachbarn Benedikt Pliquett)

»Für seinen **pinkfarbenen Kulturbeutel** ›Hello Kitty‹ musste er sich schon einigen Spott gefallen lassen.«

(Christian Bönig, Teammanager bis 2015)

Zeitmaschine: die 1960er

Ingo Porges

Horst Haecks

Sammlerstücke aus den 60ern: Porges, Haecks, Nix und Osterhoff als Briefmarken

Udo Nix

Peter Osterhoff

»Mit dem Sturm und mit der Hintermannschaft, die wir hatten – **ich glaube nicht, dass wir da gleich wieder abgestiegen wären.**«

(Peter »Oschi« Osterhoff, mit 182 Toren erfolgreichster Stürmer der Vereinsgeschichte)

»Oschi« Osterhoff auf einem Elefanten (im August 1964)

Die **1960er** sind das große **Was-wäre-wenn-Jahrzehnt** des FC St. Pauli. Nationalspieler **Ingo Porges** im Mittelfeld. Das sensible Genie **Horst Haecks** und der wuchtige **»Oschi« Osterhoff** als treffsicherstes Angriffsduo der Vereinsgeschichte. Filigrantechniker **Rolf Bergeest**, der mit Übersteigern faszinierte, noch ehe sie so hießen: Gut möglich, dass diese Truppe auch in der 1963 gegründeten Bundesliga hätte bestehen können – wäre sie nicht regelmäßig in der Aufstiegsrunde gegen Teams aus den anderen Regionalligen gescheitert, einmal nur an zwei fehlenden Toren. So war nur der neue »Sportplatz am Millerntor« erstklassig: **Das spätere »Kult-Stadion« samt Kabinen und Clubhaus galt 1961 als modernste Sportanlage der Stadt.**

DEZEMBER 1

F.C. ST. PAULI 1910

MILLERNTOR

MITTEILUNGSBLATT DES
FC. ST. PAULI VON 1910 e. V.
HAMBURG

Mannschaftsfoto im August 1964 mit Trainer Kurt Krause (l.), Peter Danjus (2.v.l.), Siegfried Bronnert (4.v.l.), Werner Pokropp (7.v.l.), Peter Osterhoff (8.v.l.), Guy Acolatse (9.v.l.), Rolf Bergeest (9.v.r.), Rolf Gieseler (8.v.r.), Ingo Porges (6.v.r.), Horst Haecks (5.v.r.) und Torwart Hans Joachim Thoms.

Starschnitt
Volker Ippig

1980–83, 1984–92	
131	⚽
	0

»Es gibt **kaum einen Unterschied** zwischen Hafenarbeiter und Torwarttrainer. Beides ist draußen, beides ist körperlich, nicht am Schreibtisch. **Es regnet, es ist kalt, die Sonne scheint.** Nicht so unterschiedlich.«

(Über seine beiden Jobs nach dem Ende seiner Profikarriere)

»Ich denke, das **Gesamtkunstwerk ›FC St. Pauli‹ lebt.** Es ist ein anderes als zu unserer Zeit, aber es lebt – und entwickelt sich immer weiter.«

Reporter: *»Stimmt es, dass du beim Torwarttraining mit Erotik-Puppen von Beate Uhse arbeitest?«*
Ippig: *»Ja, die sind sehr hilfreich. Die simulieren Stürmer und Abwehrspieler. Wenn ich unterwegs bin, sind die Puppen immer im Kofferraum dabei.«*

»Als ich 1979 frisch vom Lande kam und einer zu mir sagte: ›Du Hurensohn!‹, habe ich erst **gar nicht geschnallt, was der meinte.**«

»50 Prozent Popper. Mindestens. Und die anderen 45 Prozent **Annäherungspopper**.«

(Über seine Mannschaftskameraden in St. Paulis A-Jugend)

1981 spielte die A-Jugend des FC St. Pauli gegen die Stars der deutschen Nationalmannschaft – St. Paulis unkonventioneller Torwart fiel nicht nur durch seine starke Leistung auf.

»Volker Ippig lehnte zwischendurch das Autofahren strikt ab. Einmal ließ er sich von mir zum Horner Kreisel chauffieren, holte ein Pappschild mit der Aufschrift ›Lensahn‹ raus und fuhr **per Anhalter zu seinen Eltern an die Ostsee. Als Bundesliga-Profi!**«

(Peter Benckendorff, langjähriger Mannschaftsarzt)

»Ich bin auch mal **schwarzgefahren** im 36er-Bus. Der hält direkt an der Elbe. Auch ab und zu mal erwischt worden. Lässt sich ja nicht ändern.«

»Da hab ich gedacht: Ich sage das so, wie ich denke. **Bei den Zuschauern war das voll in Ordnung. Bloß beim Moderator hat das totale Irritationen ausgelöst.**«

(Volker Ippig über seinen legendären Auftritt im »Aktuellen Sportstudio«)

»Volker ist **früher an der Raststätte auch schon mal schwimmen gegangen.** Ist dann aber ein relativ normaler Mensch geworden.«

(Dirk Zander, Aufstiegstorschütze 1988)

»Eines Tages kam ein Anruf von der Polizei: ›**Wir haben hier jemanden im Ruderboot von der Alster geholt. Der gibt an, er wohnt Elbchaussee 170.**‹ Das wollten die gar nicht glauben!«

(Teammanager Hermann Klauck. Volker Ippig lebte nicht nur zeitweilig in den besetzten Häusern der Hafenstraße und als Entwicklungshelfer in Nicaragua, sondern auch in der Villa von FCSP-Präsident Paulick – der ihn gern auch mal im Oberklasse-BMW an den Hafenstraßen-Häusern absetzte.)

Spieler, hört die Signale

Timo Schultz über seinen Lieblings-Zwischenruf:

»Als ich noch Spieler war, gab es plötzlich einen dieser seltenen ruhigen Momente vor der Gegengerade. Irgendeiner schrie von halbrechts: **›Jetzt geh doch mal einer nach vorne!‹ Antwort von halblinks: ›Sei mal ruhig da hinten. Wenn keiner vorne ist, kann auch keiner im Abseits stehen!‹** Das war noch in den Niederungen der 3. Liga. Da war man eigentlich über alles froh, was nur halbwegs im gegnerischen Sechzehner war …«

»Hey! Trainer! Die 90er haben angerufen. Die wollen deine Jacke zurück!«

(Wilko Steinhagen, Fashion-Experte des »MillernTon«-Podcasts, weiß, was den Gästecoach so richtig fertigmacht.)

Es geht auch ganz leise, weiß »Schulle«:

»Bevor ich am **Millerntor** unter Vertrag stand, habe ich mir schon das eine oder andere Spiel angeschaut. Einmal zum Beispiel – das letzte Spiel vorm Winter. Aachen oder Ahlen, tiefste 2. Liga, alle waren unzufrieden. Mitte der zweiten Halbzeit fing die Gegengerade auf einmal damit an, dass alle **»PSCHSCHT!«** machten: »PSCHSCHT, PSCHSCHT!« Nach zwei, drei Minuten war das ganze Stadion still, und alle waren am Gucken. Und dann haben die ein Riesen-Spruchband hochgehalten: **›Ruhe bitte!‹** Dann Spruchband wieder runter, und als Nächstes kam: **›Die Profis müssen sich konzentrieren!‹** Ich hab mich totgelacht!«

Auswechselwilis – ihr seid nur Auswechselwilis …

(Gesang aus der Nordkurve an die sich warm machenden Spieler des SC Freiburg, damals mit einer Vielzahl georgischer Akteure wie Kobiaschwili, Iaschwili, Tsikitischwili sowie dem Deutschen Tobias Willi im Kader. Bei der Verlesung der Mannschaftsaufstellung hatte jeder Freiburger schon ein zärtliches »Wili« spendiert bekommen. Ob Richard Golzwili sich gefreut hat?)

Starschnitt ....
Thomas Meggle

1997–99, 2000–02, 2005–10	
174	⚽
	44
Co-Trainer 2010–13 Cheftrainer 2012, 2014 Sportdirektor 2014–16	

»Heute ist nicht der Tag für Witze – **deshalb bin ich auch nicht mit einer Badekappe** gekommen.«

(Auf die Frage nach den Glatzen seiner Vorgänger Stanislawski, Schubert, Frontzeck und Vrabec bei seiner Antritts-Pressekonferenz als Cheftrainer)

»**Julian** passt sportlich wie menschlich sehr gut zu uns, außerdem bringt er **Qualität mit, die uns im Klassenkampf direkt weiterhelfen kann.**«

(Januar 2015: Meggle, inzwischen Sportdirektor, kündigt Neuzugang Julian Koch an.)

»Übersteiger«: »**Was sagst du** zum neuen Trainer?«
Sven Brux: »**Diese Pöbelwurst,** die sich gleich auf die Tribüne schicken lässt?«

(St. Paulis Organisationschef über »Meggis« ersten Trainereinsatz – bei dem er prompt mit den Unparteiischen aneinandergeriet)

»Wir werden den HSV in der ganzen Stadt lächerlich machen ... Ob Millerntor, St. Ellingen – egal wo. **Wir schlagen den HSV auch auf dem Mond!**«

(2002 ging Thomas Meggles Prophezeiung noch nicht in Erfüllung. 2011 war er als Co-Trainer live dabei.)

»Für mich war vollkommen neu, dass die Kneipen bis acht Uhr morgens aufhaben. In München wurden um elf Uhr die Bars und Kneipen geschlossen und um vier die Bürgersteige hochgeklappt.«

(1997: Neuzugang Meggle entdeckt Hamburgs Freizeitqualität.)

»Wir haben jetzt 40 Punkte. Und wir wollen jetzt 40 Punkte behalten und 15. werden.«

(Im Fan-Sonderzug beurteilt Spielmacher Meggle 2001 augenzwinkernd die Aufstiegschancen.)

»Ich glaube, der liebe Gott hat jedem eine Alkoholration gegeben. **Meine habe ich zwischen 2000 und 2002 aufgebraucht!«**

»Unter Didi Demuth haben wir bei einem Training am 1. Mai morgens um zehn mal ›Betrunken gegen Nüchtern‹ gespielt. **Gewonnen hat Team Betrunken.** Weil wir viel mehr waren …«

»1997 in der Vorbereitung auf dem Weg zu einem Spiel fragte mich Trainer Eckhard Krautzun plötzlich: ›Wie heißt du, und was ist deine Position?‹ Ich hab schnell die Mannschaft überschlagen und geantwortet: ›Meggle, defensives Mittelfeld!‹ Weil wir da keinen hatten und meine Einsatz-Chancen entsprechend hoch waren.«

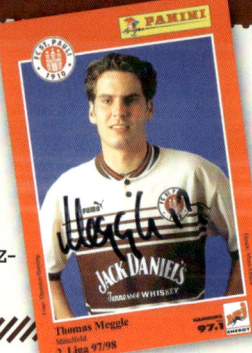

Für eine Handvoll Schnitzel

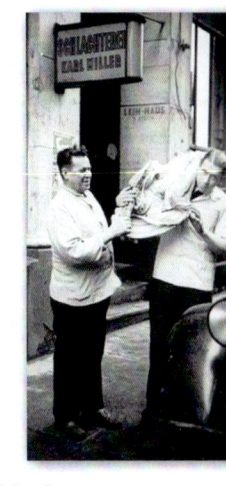

»Wer wird Deutscher Meister?« Die Antwort auf diese Frage hätte nach dem Zweiten Weltkrieg leicht **»Sankt, Sankt, Sankt – Sankt Pauliii«** lauten können. Die **»Wunderelf«** des Stadtteilklubs galt als technisch vielleicht beste Mannschaft Deutschlands. Ihr Architekt, der zwölffache Nationalspieler Karl Miller, hatte **Kontakte** (1940 und '41 war er mit dem Dresdner SC deutscher Pokalsieger geworden) – und er hatte **Koteletts** (sein Vater besaß eine Schlachterei in St. Paulis Nachbarstadtteil Neustadt). Mit diesem unschlagbaren Argument lockte er **hungrige »Fleischlegionäre« aus Dresden und Berlin** auf den Kiez. Viele blieben – und qualifizierten sich zwischen 1948 und 1951 Jahr um Jahr für die Endrunde der Deutschen Meisterschaft.

> ## »Wenn du Hunger hast, wächst du schnell zusammen.«
> *(Harald Stender, neben Karl Miller und Hermann Michael einer der Hamburger in der »Wunderelf«)*

> »Ich bin mir nicht einmal sicher, ob ich für St. Pauli überhaupt spielberechtigt war. **Man erzählte mir, es sei alles in Ordnung. Geglaubt habe ich nie daran**.«
> *(Trotzdem bestritt der spätere Nationaltrainer Helmut Schön zwei Punktspiele für den FC St. Pauli)*

Das Wunderteam

»Radau, Radau, Radau!«

(Schlacht(er)-Ruf, mit dem Karl Miller senior seinen Sohn von der Außenlinie zu Höchstleistungen anstachelte)

»Ick wees, det ick linka Läufa spiele. **Die anderen wees ick nich.**«

(Hans Appel, 1931 Deutscher Meister mit Hertha BSC, mit pragmatischer Einstellung zur braun-weißen Aufstellung)

»Ich wollte schießen, da riss mir plötzlich das Hosenband. **Mit einer Hand musste ich die Hose festhalten.** Die Folge: Ich schoss unkonzentriert über das Tor.«

(Helmut Schön auf die Frage, warum er bei seinem Debüt für den FC St. Pauli kein Tor gegen den HSV schoss)

Die größte Stunde der »Wunderelf«: Im Juli 1948 fegt sie Union Oberschöneweide – heute Union Berlin – vor 70.000 Zuschauern im Meisterschafts-Viertelfinale mit 7:0 aus dem Berliner Olympia-stadion. Das Halbfinale ging erst nach Verlängerung mit 2:3 gegen den 1. FC Nürnberg verloren. Keine braun-weiße Mannschaft kam der Meisterschaft jemals näher.

Starschnitt
Patrik Borger

»Patrik Borger ist so **cool**, der hat einen **Maximal-Puls von 65!**«

(Holger Stanislawski)

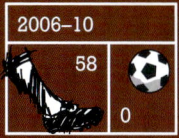

2006–10	
58	⚽
	0

»**Prinz Valium**«

(Borgers Spitzname)

»Nur weil wir **nach dem Aufstieg ein paar Tage besoffen** waren, heißt das noch lange nicht, dass wir das Fußball-spielen verlernt haben!«

(Nach dem 1:1 im letzten Saisonspiel in Magdeburg, 2007)

»Die Kombination aus Borger und Pliquett ergibt einen **Nationalkeeper**.«

(Holger Stanislawski)

»Ich glaube, ich darf in meinem Leben niemals **Kinder** haben. Die würden doch auf dem **Schulhof** immer nur gehänselt werden.«

(DFB-Pokal 2006/07: Nach großartigem Spiel lenkt Borger gegen die Bayern den Ball in der Verlängerung ins eigene Netz.)

»**So ist halt Fußball** – und manchmal bist du der Arsch.«

(Nach einem Patzer gegen Fürth)

Starschnitt
Florian Bruns

2006–13	
👢 201	⚽ 25

»Wenn im Wald die Hölle los ist;

wenn Bäume beben, das Blätterdach wackelt und selbst der Wurmfarn vor Frühlingsgefühlen platzt;

wenn zottelige Gestalten ihr Glück in den Himmel röhren oder ineinander verkeilt den Euphorieüberschuss austanzen – dann weiß der Förster: **Es ist wieder Brunszeit.** *(Oder so ähnlich.)*

Dass das so heißt, wundert mich kein bisschen. **Mir ist nämlich neulich was ganz Ähnliches passiert, und das hieß auch Bruns.**«

(März 2013: Nach Bruns' 3:2 gegen Regensburg in der 90. Minute bebt das Millerntor. Blogger Gegengeraden-Gerd bebt mit.)

»BRUUUUUUNS!«

»Gutes Essen, Ruhe und in meinen eigenen vier Wänden – das ist Luxus für mich.«

(Wie war das noch mal mit den »Freibeutern der Liga«? Florian Bruns im »Men's Health«-Interview)

»**In Freiburg biss er** nach allem, was sich bewegte.«

(Ein Boulevardblatt über Bruns' andere Seite)

»Auch wenn er sich das Bein bricht – mit Flo werden wir verlängern!«

(Holger Stanislawski im April 2009)

Die Kunst des Aufstiegs: 1988

Helga Feddersen tippt: FC St. Pauli wird Meister!

Jubel zwischen Sekt-Pfützen! Schulte: „Ich liebe euch alle"

»Das war ja überwältigend, **das war ja, als wenn der ~~Kaiser~~ oder der ~~Papst~~ kommt.«**

(Mannschaftsbetreuer Hermann Klauck über den Empfang am Flughafen)

Sven Brux

»Ich glaube, **ich war der einzige Bunthaarige in Ulm**, mit 400 Leuten beim Aufstiegsspiel. Ich bin da alleine mit der Bahn runtergefahren und hab bei Leuten aus dem Goldene-Zitronen-Umfeld gepennt. Wenn man das Outfit der Leute im Block anguckt: **Ballonmütze, Einheitsschal, Schnäuzer** … Das war schon krass!«

(Sven Brux, Fanladen-Gründer und späterer FCSP-Sicherheitschef)

»Wir sind über die Rothenbaumchaussee gefahren und haben vor der **Geschäftsstelle des HSV** angehalten. Unser Busfahrer stellte den Motor ab, und wir haben eine **Schweigeminute** eingelegt.«

(Helmut Schulte)

1:0! Mit einem Traumtor schoß Zander St. Pauli nach oben

»Einige von den Spielern sind erst gar nicht in den Bus reingekommen, weil der so voll war. **Die mussten dann mit dem Taxi dem Bus hinterherfahren.**«

(Stürmer André Golke)

»Es war zwar schön. Aber dass wir erst nach anderthalb Stunden im ›Saitensprung‹ ankamen, **obwohl wir stechenden Durst hatten**, das sind so Sachen, die ein bisschen hängen bleiben.«

(Aufstiegs-Torschütze Dirk Zander über die nicht enden wollende Busfahrt vom Flughafen)

Frust für »Dallas«-Star **Audrey Landers:** Fast zeitgleich mit den Aufsteigern des FC St. Pauli angekommen, dachte sie, der **Massenauflauf auf dem Hamburger Flughafen** sei ein Zeichen ihrer Popularität in Deutschland. Ihre Reaktion, als sie die Wahrheit erfuhr, ist leider nicht überliefert.

»Einer wie Briegel hat über 50 Länderspiele. **Wenn ich das so vergleiche, hätte ich auf 1.000 kommen müssen!**«

»Erich Ribbeck hat immer gesagt: ›**Wenn Sie solider leben, könnten Sie viel höher spielen!**‹ Und ich habe geantwortet: ›Wieso – dann werde ich vielleicht viel schlechter.‹«

(Über seinen Trainer beim 1. FC Kaiserslautern, seiner Karrierestation vor dem FC St. Pauli)

»Schließlich war ich **Schornsteinfeger.** Da hab ich das Biertrinken gelernt.«

(Über das Biertrinken)

»Der Frosch, der versaut mir die jungen Spieler.«

(»Sir« Erich Ribbeck sorgt sich um den FCK-Nachwuchs.)

»Wir haben mal ein Vorbereitungsspiel in Schleswig-Holstein gemacht, ich war zu dem Zeitpunkt so um die 50. Und dann sagt Walter in der Halbzeitpause: **Du, Hermann, ich hab keinen Bock mehr, jetzt spielst du für mich.** Wir hatten noch Schuhe in meiner Größe dabei, und so habe ich die zweite Halbzeit für Walter Frosch gespielt.«

(Hermann Klauck, langjähriger Betreuer der 1. Herren des FC St. Pauli)

Was wohl gewesen wäre, wenn Walter Frosch nach seinen Anfängen beim SV Alsenborn wirklich zum **FC Bayern** *gewechselt wäre? Fritz Walter persönlich soll das Pfälzer Talent empfohlen haben. Sogar einen Vertrag hatte Frosch schon unterzeichnet und trainierte fleißig mit. Wenn auch nicht immer so, wie sein Trainer Udo Lattek sich das vorgestellt hätte:*

Lattek: »Warum flankst du nicht mit links?«

Frosch: »Weil die anderen das auch nicht machen.«

Lattek: »Wenn du keine Lust mehr hast, **dann geh doch duschen!**«

Frosch: **»Mach ich auch!«**

Dass der Jungspund seinem etablierten Mannschaftskollegen »Jupp« Kapellmann eine kräftige Ohrfeige versetzte, war noch nicht das Ende seiner kurzen Bayern-Karriere. Wohl aber, dass er zuvor auch in Kaiserslautern einen gültigen Vertrag unterschrieben hatte. Und damit verstand der DFB keinen Spaß, da konnte Bayern-Manager Schwan noch so sehr versprochen haben, das schon irgendwie zu regeln.

So wechselte Frosch statt nach München zum 1. FC Kaiserslautern, trieb dort zwei Jahre lang Cheftrainer Erich Ribbeck zur Verzweiflung – und heuerte 1976 schließlich beim FC St. Pauli an. Die besondere Referenz eines »unsoliden Lebenswandels« hatte er sich da schon redlich erarbeitet.

Etwa mit einem legendären **400-Meter-Wettlauf um drei Uhr morgens – vor einem Punktspiel gegen Schalke 04.**

Wetteinsatz: zehn Liter Bier. Sieger: Walter Frosch, trotz 100 Metern Vorsprung für alle anderen. Als Ribbeck ihn acht Stunden später musterte, hatte Frosch sich schon eine überzeugende Begründung für seine roten Augen zurechtgelegt:

»Bindehautentzündung.«

Seinen Gegenspieler Erwin Kremers, Nationalspieler und gefürchtet für seine Schnelligkeit, hatte er anschließend nach eigenen Angaben **»dreimal über die Bande gehauen, damit da Feierabend war«**. *Kremers wurde ausgewechselt. Frosch spielte durch. Wie immer.*

»In den letzten zehn Minuten bin ich noch fünfmal nach vorne gelaufen, habe immer geschrien, dass ich den Ball haben wollte, und war froh, dass ich nicht angespielt wurde. Die Fans waren begeistert. Ribbeck meinte hinterher: **»Naja, von Ihrer Bindehautentzündung hat man ja nicht viel gemerkt.«**

Mixed Zone #2

»Ich hab nur mittlere Reife. Und wenn mich einer auslachen oder beschimpfen würde, weil ich kein Abitur hab, fände ich's scheiße. **Ich denk mal, ähnlich müssen wir auch mit unserer Mannschaft umgehen.** Da ist eventuell einfach nicht mehr drin!«

(Fan-Weihnachtsfeier 2001: Stimmung und Tabellenstand im Keller – Moderator Sven Brux muntert die mit ihm auf der Bühne stehende Mannschaft auf.)

»Germany you **piece of Schäuble**«

(Protest gegen die deutsche Griechenland-Politik in der »Süd«)

So wollen sie spielen

UNION BERLIN — Haas

Pfertzel — Eggimann — Schönheim — Kohlmann

Kreilach — Parensen

Bartels — Nöthe — Rzatkowski

Verhoek

Schiedsrichter: Dr. Felix Brych (München)

Verhoek

Thy — Rzatkowski — Bartels

Buchtmann — Boll

Halstenberg — Gonther — Thorandt — Nehrig

Tschauner

Braun-weiß unterwandert: Bei DER Aufstellung komplett unverständlich, dass das Auswärtsspiel bei Union Berlin 2:3 verloren ging!

»Ich möchte noch meinem Opa zum 91. Geburtstag alles Gute wünschen – und **geh nicht wieder so spät ins Bett!**«

(Carsten Pröpper im Field-Interview nach dem 2:0-Heimsieg gegen Schalke 04 am 26. April 1996)

Todesanzeige im »Starnberger Merkur«

Das war kein leichtes Leben. Es ist ihm viel genommen worden. Aber sein Witz blitzte bis zuletzt kurz und trocken durch diese Schwere:
„ St. Pauli in der dritten Liga? Das will ich nicht erleben."

Muss er auch nicht.

Gott sei Dank.

Wilhelm Ucksche

* 5. Dezember 1930 in Riga † 13. März 2015 in Feldafing

»Na, dann brauchst du deiner Freundin ja nicht mehr erzählen, **du hättest wieder Kopfschmerzen**!«

(Carsten Wehlmann zu seinem Torwart-Nachfolger Simon Henzler, nachdem der sich einen Hodenriss zugezogen hatte)

»Zecki« (Bild rechts) war zum Glück nur ein Aprilscherz. Das Fanzine »Übersteiger« diskutierte sogar einmal, ob man nicht einfach einen Stapel alter Autoreifen als Maskottchen etablieren könnte. Dann wäre man das Thema los und müsste keine Angst mehr haben...

Reporter: »Wäre ein **Maskottchen im Stadion** denkbar?«

Marcel Eger (lachend): »Das wäre ganz schlimm. **Eine betrunkene Astra-Flasche** womöglich auch noch!«

»Ich fragte mich: Wie krank ist das denn, dass ich meinen Namen auf irgendein hingehaltenes Stück Papier kritzele? **Ich bin doch ein Eierkopp wie jeder andere auch.** Hinterher waren alle sauer auf mich, und ich bin zurückgerudert. Seitdem schreibe ich Autogramme. Zur Not auf die nackte Haut, nachts um drei im Hotel.«

(Helmut Schulte über seinen versuchten »Autogramm-Boykott« als St.-Pauli-Trainer)

Ewald Lienen
16. März 2012 ·

Holt ihr euch ein Autogramm von eurem Bäcker, oder eurem Milchmann?

Auch Ewald Lienen hadert mit dem Autogrammeschreiben.

Starschnitt ....
Helmut Schulte #1 ....

Cheftrainer 11/1987–02/1991
Manager 07/1996–01/1998
Sportchef 03/2008–05/2012

»Ich wollte ein Foto machen lassen. Ich mit dem Halo-Fixateur am Kopf auf der Buche, im Stile eines Großwild-jägers. Da habe ich mir gesagt: **›Halt mal. Der Baum ist ja mein Freund. Er wollte nicht, dass ich sterbe!‹«**

(Im Januar 2007 erlitt Schulte während des Orkans »Kyrill« einen Halswirbel-Bruch, als ein Baum auf sein Auto stürzte. Zeitweilig schwebte er in Lebensgefahr.)

»Jeden Tag ein Affenschnitzel. Bananen machen lustig, sind gut zu transportieren und reizen zu Assoziationen.«

(Nachdem seine Leidenschaft für die gebogene Südfrucht bekannt geworden war, überschütteten die Fans ihren 1988er-Aufstiegstrainer im Stadion mit »Bananen der Liebe«.)

1993: Auch als Nachfolger Udo Latteks auf der Schalke-Trainerbank blieb Helmut Schulte bekennender Bananenfreund.

»Wir wissen mit Sicherheit, dass ein Spiel verschoben worden ist. Das Spiel HSV gegen St. Pauli, und wir wissen bis heute nicht, wohin.«

(Schiebung? Bei einer Pressekonferenz im Februar 2011 zum Wettskandal um den ehemaligen St.-Pauli-Profi René Schnitzler verblüfft Helmut Schulte die Presse mit einem augenzwinkernden »Geständnis« – samt Seitenhieb auf das wegen Regens ausgefallene Stadtderby, zu dieser Zeit noch nicht neu terminiert.)

»**Das größte Problem beim Fußball sind die Spieler.** Wenn wir die abschaffen könnten, wäre alles gut.«

»Im Trainingslager bestellte Präsident **Paulick** noch eine weitere Runde Bier, obwohl ich den Jungs nur eines gestattet hatte. Er sagte: ›Ich bin doch der Präsident!‹ Meine Entgegnung: ›**Und ich bin der Trainer, deshalb gibt's kein Bier mehr.**‹ Das überzeugte ihn, dass ich der Richtige bin.«

(Winter 1987: Helmut Schulte, nach Willi Reimanns Weggang zum HSV vom Co- zum Interims-Zweitligatrainer befördert, über den »Paulick-Test« nach den ersten drei Siegen. Bekanntlich behielt er den Job.)

Zeitmaschine: die 1970er

»Als das nun gar nicht mehr ging, da war die Frage: **Amateurlager – oder Gewaltschuss.** Und da haben Vizepräsident Velbinger und ich, wir beide ganz alleine, gesagt: **Wir machen das!**«

(Ernst Schacht, Vereinspräsident 1970 bis '79)

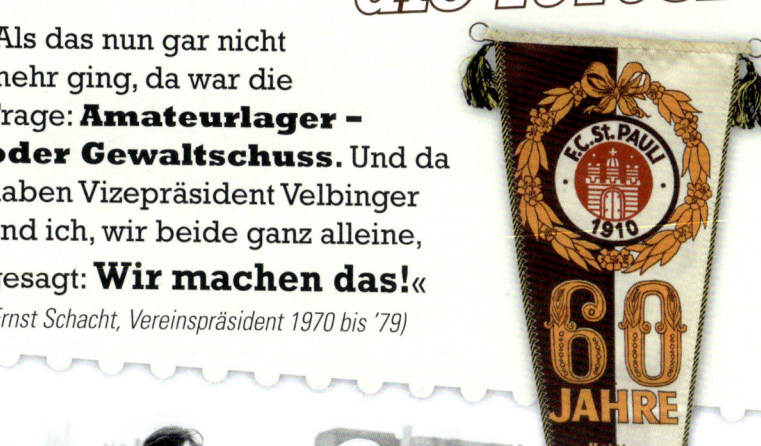

Ein Schlachtenbummler aus den 70ern spürt den harten Arm des Gesetzes.

F.C. St. Pauli
1910

60 JAHRE

Meister
Regionalliga
Nord
1964 1966
Vizemeister
1966

Vizemeister
Oberliga
Nord
1947
bis
1961

»Wenn wir keine Lizenz bekommen, **kaufe ich den DFB!**«

(Vizepräsident Max Uhlig Ende der 70er Jahre)

FC ST. PAULI VON 1910 E.V.
Bundesliga-Team 1977/78

Auch in den 70ern wollte dem FC St. Pauli der
Aufstieg in die Bundesliga lange nicht gelingen. Die Elf
vom Millerntor spielte mal mehr, mal weniger erfolgreich vor sich hin – **zeitweilig vor wenigen
hundert Zuschauern**. Weil es große Einnahmen
aus Sponsoring oder Fernsehgeldern damals noch nicht
gab, wurde die finanzielle Situation immer ernster. Das
Präsidium ging auf Risiko, investierte in Verstärkungen
wie **Walter Frosch** und **Franz Gerber**, die Mannschaft stieg 1977 tatsächlich auf – und 1978 sofort wieder
ab. Am Ende des Jahrzehnts war der
FC St. Pauli zwar um einen Derbysieg
gegen den HSV reicher, doch finanziell war er ärmer als je zuvor. **Der
DFB entzog die Lizenz für
die 2. Bundesliga – und
nach dem Zwangsabstieg
begann der Neuaufbau in
Liga drei.**

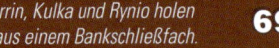

Wir packen es!

Punktspiel **FC St. Pauli –
Preußen Hameln**

Sonntag, 2. September 1979, 15 Uhr
Wilhelm-Koch-Stadion am Millerntor

Sonnabend, 12. Mai 1979, 15.30 Uhr
**FC St. Pauli
Rot-Weiß Essen**
Punktspiel
WILHELM-KOCH-STADION

*1977: Höfert, Ferrin, Kulka und Rynio holen
den Ball aus einem Bankschließfach.*

Starschnitt ....
Timo Schultz

2005–11		
	129	⚽
		10

»Nationalität:

OSTFRIESE«

*(Angabe auf »Schulles«
2007er-Autogrammkarte)*

»Ich weiß gar nicht, wo er war. Vielleicht war er auch am **Wurststand**. Er hatte noch **Ketchup am Mund**, als er kam.«

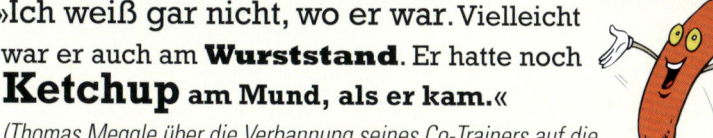

(Thomas Meggle über die Verbannung seines Co-Trainers auf die Tribüne nach einem verbalen Scharmützel mit dem Schiedsrichter)

»**Ich traue mich** nur, jemanden anzumachen, **wenn ich genau weiß, der nimmt mir das nicht übel**. Nie jemanden, wo ich weiß, wenn ich dem was an den Kopf werfe, dann ist der drei Wochen beleidigt, zerkratzt mein Auto und schmeißt einen **Molotow-Cocktail** in meinen Briefkasten.«

»Früher, in der F-Jugend gegen Fulkum, da hab ich mal **17 Tore** gemacht in **einem Spiel**. Ich glaube, das ist noch höher anzusiedeln.«

(Über sein 1:0 gegen Bayern München im DFB-Pokal 2006/07)

»Ich habe mich total geärgert, dass wir das Spiel verloren haben, und zwar aus einem ganz egoistischen Grund, da bin ich ehrlich: Wenn ich schon mal ein Tor schieße, und dann gegen die Bayern, und wir hätten 1:0 gewonnen – **dann hätte ich mir auch selbst ein T-Shirt gemacht.**«

. . . .

»Fabian Boll, Patrik Borger und ich sind **die Fraktion, die diesen norddeutschen Humor hat.** Die Schwaben und die, die aus dem Rheinland kommen, die quatschen und labern den ganzen Tag, und da kommt **nur heiße Luft** raus. Wenn wir dasitzen und dann mal einer einen raushaut, dann ist er aber auch ein richtiger Kracher.«

»Als junger Spieler habe ich schon mal eine Kiste Bier eingekauft, dann wurde es ein Sixpack, **mittlerweile ist es oft nur noch eine Flasche.**«

»Dann sind wir **die einzige Bundesligamannschaft mit 'ner Theke in der Kabine.** Passt ja eigentlich ganz gut.«

(Beim Umbau des Trainingsgeländes wird ein Gastraum zur Kabine. Nicht alles muss weg, findet Schultz.)

»Boller, wenn du nicht mehr kannst, **ich schließ den Laden ab!**«

(Vor Fabian Bolls Abschiedsspiel wird an alte Stärken in der »dritten Halbzeit« erinnert.)

Haarscharf #2

Wichtig ist aufm Kopf:

Das zeitlose Thema »Fußballerfrisuren« beschäftigt auch den »etwas anderen Verein«. Zeitweilig krönte die Stadionzeitung »Viva St. Pauli« sogar die »Frisur der Woche«. Hier einige Sieger mit neuen Herausforderern.

Minipli, maximale Wirkung: **»Eisen-Dieter«** **Schlindwein**

Schnittig, praktisch, gut: **Stefan Studer** setzt eher auf das Modell »Bundeswehr«.

Wo endet das Tier, wo beginnt der Mann? Eins ist sicher: Mehr 70er als bei Abwehrgranate **Gert Wieczorkowski** geht nicht!

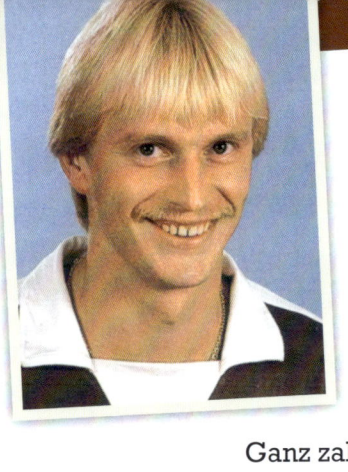

Wer hat da **»Schnitt-lauchfrisur«** gesagt? Der Bart steht **Joachim »Pipel« Philipkowski** doch auch sehr gut!

Ganz zahm: **Klaus Thomforde** vor seiner Tierwerdung

Erotikdarsteller aus den 80ern? Nein, es ist Konditionswunder **Michael Dahms!**

»Foul, ich? Herr Schiedsrichter, **können diese Haare einer Fliege** etwas zuleide tun?« Verteidiger **Jens-Peter Box**

Haarscharf #2

So ganz konnte sich der »Tiger aus Benin« auf dem Platz nicht durchsetzen. Auf dem Kopf überzeugt **Modachirou Amadou** aber voll und ganz!

Immer sonnig: **Rüdiger »Sonny« Wenzel**. Wer würde da schon an das legendäre NDR-Walross Antje denken …

Eigenschnitt mit

Heckenschere?
Volker Ippig wusste sich zu helfen.

Selbst ist der Mann: Wie Volker Ippig setzt auch Ewald Lienen auf Eigenschnitt – hier als Kandidat der »Friedensliste« (1985).

Starschnitt
Marius Ebbers

2008–13	
138	⚽
	46

Ebbers: »Ich habe früher, so von 17 bis 20, in einer Punk-Band gesungen. Wir hießen ›**Hunchback**‹.«

Reporter: »Machen Sie jetzt eine Band in der Mannschaft auf?«

Ebbers: »Nein. Ich kann auch gar nichts spielen. **Höchstens Xylophon. Oder Triangel.**«

»Ich hab zum Schiedsrichter gesagt: **›Es war beides – mach was draus.‹** Und er hat leider das daraus gemacht, was ich nicht erhofft hatte.«

(April 2012: Kopf oder Hand? Nach einem Tor gegen Union Berlin fragt der Schiedsrichter beim Schützen nach. Der sagt einfach die Wahrheit – und der Treffer wird aberkannt.)

»Ehrlich hat den Längsten«

(Tweet von Ayla Mayer zu Ebbers' Fairplay-Aktion)

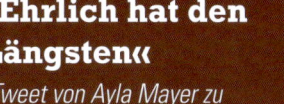

Reporter: »Ist es eine Genugtuung, Ihre Kritiker mit dem Tor ruhigzustellen?«

Ebbers: »Das ist mir scheißegal. **In meiner Karriere wurden schon oft die Minuten gezählt.** Ab und zu zähle ich sogar mit. **Jetzt sind es schon wieder 77.**«

(Dialog im »Hamburger Abendblatt« über einen Treffer nach längerer Flaute)

> **»Ich will der Miroslav Klose des Kleinfeld-Fußballs werden!«**
>
> *(Nach dem Ende seiner Profikarriere wird Ebbers noch Nationalspieler – in der deutschen Kleinfeld-Nationalmannschaft.)*

> **»2:9 hört sich übelst deutlich an.**
> So deutlich war es aber nicht!«
>
> *(Schonungslose Selbstkritik nach dem Aus in der Kleinfeld-WM gegen die USA)*

Vom Facebook-Flachs zum »Spontan-Event«: Als Christopher Nöthe im Sommer 2013 eine angeblich »Hundertprozentige« vergab, wusch »Ebbe«, eigentlich seit Kurzem im Ruhestand, Kritikern per Facebook den Kopf: »**Wenn ich ständig lese, wie schlecht unsere Stürmer sind, könnte ich durchdrehen!** *Jeder, der behauptet, Chris MUSS den machen, kann mir gerne Bescheid geben. Wir treffen uns, ich werfe dir 10 Bälle genau so hin, und du machst ihn im höchsten Tempo aus der Drehung mit zwei Gegenspielern auf der Linie rein …* **Einer Bock?«**

Mehrere hatten, und so ging es wenig später zum großen Shootout auf den Platz des SC Sternschanze. Motto: **»Don't mess with Ebbers!«** *Regeln: Für jeden Treffer spendet »Ebbe« 50 Euro für Viva con Agua – für jeden Fehlschuss gibt der Schütze 25. Mit dabei: Ex-Teamkameraden von Ebbers wie Benedikt Pliquett, Marcel Eger und Benny Adrion – und an die 400 Zuschauer. »Die ganzen Schaulustigen!«, staunte Ebbers: »Wie beim Autounfall: Es sieht zwar scheiße aus, aber alle gucken hin!« Am Ende kamen bei 33 Torversuchen nur vier reguläre Treffer zustande. Nöthe war gerächt, die Stürmerehre wiederhergestellt, und Viva con Agua durfte sich inklusive freiwilliger Spenden über 4.500 Euro freuen.*

Die Kunst des Aufstiegs: 1995

St. Pauli Aufstieg 5:0
Der Kiez tanzt

»Fest steht, dass der Schiedsrichter mir in der Kabine gesagt hat: **Das Spiel ist offiziell beendet und wird mit 5:0 für uns gewertet!**«

(Ansage von Vizepräsident Christian Hinzpeter über das Stadion-Mikro – nach einer unendlich scheinenden Zeit des Wartens)

»Die Fans kamen auf mich zu und haben angefangen, mich auszuziehen. Es gab einfach kein Halten mehr. Das heißt: **Bei den Schuhen haben sie mich höflich gefragt**, ob sie die auch haben dürfen.«

(Torwart Frank Böse)

»Meine Hose konnte ich gerade noch retten. **Es war toll.**«

(Stürmer Juri Sawitschew)

»Die Uhr habe ich in der Kabine zu Ende laufen lassen. **Damit war die Sache doch korrekt!**«

(Schiedsrichter Bodo Brandt-Chollé)

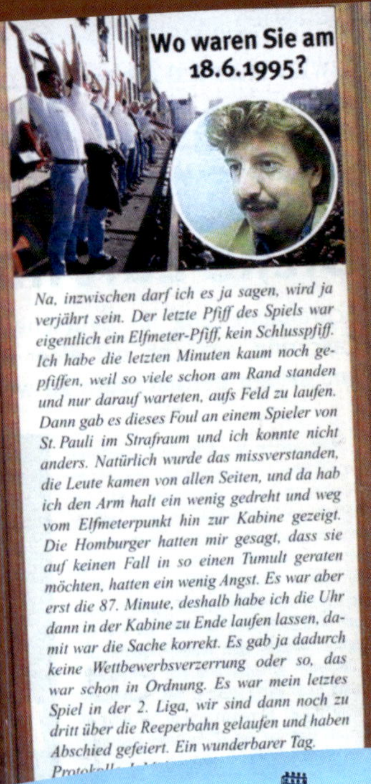

Na, inzwischen darf ich es ja sagen, wird ja
verjährt sein. Der letzte Pfiff des Spiels war
eigentlich ein Elfmeter-Pfiff, kein Schlusspfiff.
Ich habe die letzten Minuten kaum noch gepfiffen, weil so viele schon am Rand standen
und nur darauf warteten, aufs Feld zu laufen.
Dann gab es dieses Foul an einem Spieler von
St. Pauli im Strafraum und ich konnte nicht
anders. Natürlich wurde das missverstanden,
die Leute kamen von allen Seiten, und da hab
ich den Arm halt ein wenig gedreht und weg
vom Elfmeterpunkt hin zur Kabine gezeigt.
Die Homburger hatten mir gesagt, dass sie
auf keinen Fall in so einen Tumult geraten
möchten, hatten ein wenig Angst. Es war aber
erst die 87. Minute, deshalb habe ich die Uhr
dann in der Kabine zu Ende laufen lassen, damit war die Sache korrekt. Es gab ja dadurch
keine Wettbewerbsverzerrung oder so, das
war schon in Ordnung. Es war mein letztes
Spiel in der 2. Liga, wir sind dann noch zu
dritt über die Reeperbahn gelaufen und haben
Abschied gefeiert. Ein wunderbarer Tag.
Protokoll: ...

Kein Schiedsrichter wurde jemals so
von den Fans des FC St. Pauli gefeiert
wie **Bodo Brandt-Chollé**.
Längst war der haushohe Sieg des FC St.
Pauli sicher, der Aufstieg mit 5:0 gegen
Homburg erspielt – da entschied Brandt-
Chollé kurz vor Schluss auf Elfmeter für
St. Pauli. Für Tausende nicht nur freude-
trunkener St. Paulianer gab er damit
das Signal zum Platzsturm,
denn sie hielten seinen Pfiff für das
Schlusssignal. Hätte der Schiedsrichter
daraufhin das Spiel abgebrochen, wäre
der lang ersehnte Aufstieg verloren
gewesen, denn regelgemäß wäre die
Partie mit 2:0 für Homburg gewertet
worden. Zum Glück bewies Brandt-
Chollé Augenmaß und wertete seinen
Elfmeterpfiff für Medien und Spielbe-
richt nachträglich zum Schlusspfiff um.
Frei nach dem Motto »Der Ball ist rund –
und ein Spiel dauert 87 Minuten …«

Starschnitt ....

Dietmar »Didi« Demuth

1974–79, 1984–88	
258	⚽
	26
Cheftrainer 03/2000 – 08/2002	

»Ich gehe nicht von diesen
40 Punkten ab.«

*(Hinrunde vorbei, 39 Punkte, zweiter Platz,
Medienlob für »Fußball, wie man ihn am Millerntor noch nicht gesehen
hatte« – Coach Demuth bleibt seinem Saisonziel 2000/01 treu.)*

»Meine St.-Pauli-Altliga-Kicker waren gespannt, was ich ihnen kurz
vorm Anpfiff in der Kabine noch mit auf den Weg geben würde. Ich
sagte mit ernster Miene: ›Jungs, ich habe eine wasserdichte Taktik:
Wir müssen den Gegner durch **ständiges Toreschießen**
zermürben.‹«

*(Mai 2000: Trainerfuchs Eduard »Edu« Preuss schwelgt zu seinem 70. Geburtstag
in Erinnerungen. Dietmar Demuth sollte sich als gelehriger Schüler erweisen.)*

»Wir müssen den Gegner durch **perma-
nentes Toreschießen** zermürben.«

*(August 2000: Nach dem 6:3-Auftaktsieg gegen
Aalen gibt Trainer Demuth die neue Strategie
bekannt. Mit Erfolg: St. Pauli gewinnt 5:0 gegen
Mannheim.)*

**»Diesmal gab's nur eine
Apfel-Schorle.** Und abends zu Hause
habe ich mir aus lauter Enttäuschung
massenweise Schokolade reingezogen.«

*(13. Mai 2001: Nur 2:2 gegen Hannover 96 – Aufstieg vertagt. Genau wie »Didi«
Demuths traditionelles Nachspiel-Bier in Walter Froschs Gaststätte »Antikes«.)*

»Ich muss mich noch bei meinem Präsidium entschuldigen, dass wir das **Saisonziel Klassenerhalt** nicht **geschafft** haben!«

(2:1 in Nürnberg am 20. Mai 2001: Der Aufstieg ist geschafft.)

»Ich kann meine Leistung realistisch einschätzen und **muss zu dem Schluss kommen, dass ich ihn wahrscheinlich nicht mehr ausschalten könnte.** Er ist ein Bundesligaspieler, der voll im Saft steht.«

(November 2001: verbales Kräftemessen von Ex-FCSP-Verteidiger »Didi« Demuth, 56, mit HSV-Rekordeinkauf Jörg »The Hammer« Albertz, damals 30 Jahre)

»Wir steigen in den Bus ein, werden im Kollektiv heulen, dann werden wir uns in die Arme fallen – dann ist es vergessen.«

(Nach einer 0:4-Niederlage in Cottbus im März 2002)

Sehen sie nicht gut aus — unsere Jungs von der Küste

Sicher werden unsere „echten" Hamburger Mitglieder viel Freude an dieser Aufnahme haben. Hinzugefügt sei jedoch, daß neben „Hummel" Höfert und den „Schauerleuten" Rosenfeld und Demuth unser Horst Neumann ein „geborener" ist und nur seiner Profizeit als Getreidewieger ein „Hafenlöwe" war.
Unsere „Quiddjes" sind jedoch genau so lieb und je besser ihre Leistung — je lieber sind sie uns alle. (Kü)

»Nach den Spielen sind wir immer in die Disco ›Nanü‹. Zu vorgerückter Stunde stand **Dietmar Demuth am DJ-Pult** und legte auf.«

(Auch als Spieler war Dietmar Demuth 1976/77 in die 1. Bundesliga aufgestiegen. Sein Geheimnis? Vielleicht die duften Beats, verrät Torwart Jürgen Rynio.)

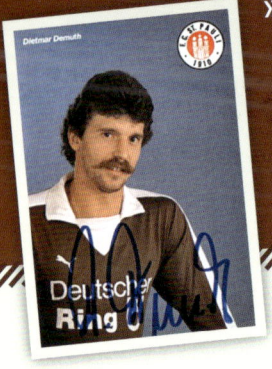

Dietmar Demuth

Deutscher Ring

»Als Arbeitsloser darf man noch **Stoppeln** zeigen – im Beruf nicht.«

(1985: In seiner zweiten »Amtszeit« als FCSP-Verteidiger hat der gelernte Starkstromelektriker Demuth, gerade 30, nach eigenen Angaben »das Vagabundenleben satt« und fängt an, parallel zum Fußball als Versicherungskaufmann zu arbeiten. Erste Amtshandlung? Runter mit dem Bart!)

Tor, Tor, Millerntor!

»Heute Nacht hab ich davon geträumt, und jetzt ist es passiert: Ich habe gewusst, ich komm rein, mach 'n Tor und – so war's. Echt wahr, wirklich wahr! Jetzt kann ich erst mal wieder beruhigt schlafen.«

(Kay Stisi über sein 3:2 gegen Rostock. Sein erstes Bundesligator blieb zugleich sein einziges in neun Bundesligaspielen.)

Ausschnitt aus einem Würfelspiel in der Stadionzeitung »Pauli«, 2000

Marcel hat Schwein gehabt
Rosige Zeiten, suhl Dich 4 Felder vor!

»Im Training geht er stundenlang raus, *knallt aufs Tor, trifft irgendwo hinten in den Weiher oder schießt die Vögel ab.* Dass das heute besser geklappt hat, muss am schlechten Rasen gelegen haben, von dem ihm die Kugel glücklich auf den rechten Fuß gesprungen ist.«

(Holger Stanislawski über seinen Mitspieler Marcel Rath alias »Harry, das Kampfschwein«)

Es sind die frühen 80er Jahre, der FC St. Pauli spielt in der Regionalliga. Stürmer Christopher Pätzold wird nach 60 Minuten eingewechselt – und eilt nur zwei Minuten später wieder raus: »Ich muss unbedingt sch ...« Kein Hindernis für einen Vollblut-Fußballer, erinnert sich Mannschaftsarzt Peter Benckendorff:

»Er verrichtete sein Geschäft in der Kabine, kam nach drei Minuten zurück und schoss das Siegtor für uns!«

»Dem brechen ja die dünnen Beine, wenn er aus der Entfernung hart aufs Tor schießen soll.«

(April 1977: Rolf Höfert über seinen Teamkameraden Walter Frosch)

»Ball rund muss in Tor eckig!«

(Helmut Schulte weiß Bescheid.)

»Mein Tor war Millionen wert. Heinz soll für den goldenen Schuss mal was raus tun, damit ich bleiben kann!«

(Marcus Marin an Präsident Heinz »Papa« Weisener nach seinem 1:1 im Herzschlagfinale gegen Oberhausen, 2000)

»Ji harrt *mehr scheeten* musst!«

(»Ihr hättet mehr schießen müssen« – Stürmer Hermann Michael kennt die Gründe für die knappe 2:3-Niederlage nach Verlängerung gegen Nürnberg im Halbfinale um die Deutsche Meisterschaft 1948.)

»Asamoah steht dumm rum, weiß wieder mal nicht, wo er hinsoll. Ball kommt, Kopfball, Tor!«

(Gerald Asamoah schildert seinen Treffer zum 1:1 bei Borussia Mönchengladbach.)

»Wenn man nicht aufs Tor schießt, kann man auch kein Tor schießen.«

(Da könnte Martin Driller recht haben.)

Schlussphase gegen Paderborn. St. Pauli liegt 1:2 zurück. Noch ein Eckball. Die letzte Chance? Dennis Daube legt sich den Ball zurecht, Keeper Tschauner kommt aus seinem Strafraum gerannt. Daube tritt die Ecke hoch vors Tor, Tschauner hebt ab – und **rammt den**

Ball per »Kopfball-Ka-tapult« in die Maschen. Massenekstase! »Das habe ich ja im Training geübt«, scherzte der Kopfball-Killer später. »Da habe ich dem Trainer allerdings **drei Rippen gebrochen!«**

Starschnitt
Ewald Lienen #2

Reporter: »Was haben Sie überhaupt von der Mannschaft gesehen in der Vorrunde?«

Lienen: »Natürlich habe ich Spiele gesehen, das ist ja mein Job. **Auch wenn ich zu Hause in Mönchengladbach sitze, schaue ich mir den ganzen Tag Fußball an.** Sie wissen ja, montags ist zweite Liga, am Dienstag ist Champions League, am Mittwoch ist Champions League, am Donnerstag ist Euro League, am Freitag geht's mit der zweiten Liga los am frühen Abend, danach kommt wieder erste Liga. Am Samstag erst die zweite Liga, dann die erste Liga, am Sonntag erst die zweite Liga, dann die erste Liga, und dann kommen die anderen Spiele wieder. Und am Montag geht's dann wieder los.«

Reporter: »Sie sprechen nicht sehr viel mit Ihrer Frau?«

Lienen: »**Wenn die mit mir reden will, muss sie halt mit aufs Sofa kommen.**«

(Dezember 2014: Auch zwischen den Jobs war Ewald Lienen immer »im Dienst«, wie er die Presse zu seinem Amtsantritt wissen lässt.)

»Es ist relativ schwer, sich etwas zu notieren, ohne einen **Zettel** in der Hand zu haben.«

(Leicht genervte Antwort auf die vielen Fragen zu Lienens Spitznamen »Zettel-Ewald«)

»Ich bin ein sehr **visueller Typ.** Schon in der Schule habe ich immer mitgeschrieben, was der Lehrer erzählt hat.«

(Das Wochenblatt »Die Zeit« forscht nach, warum Ewald Lienen so viel aufschreibt.)

»Selbst Ewald Lienen hat jetzt alles auf 'nem Tablet. Hab ich gesehen. Bei der ›Sportlichen Runde‹: Ewald hat viel vorgelesen, von iPad und iPhone, und alle haben schon **›Öy, Zettel-Ewald ist jetzt wohl iPad-Ewald‹** vor sich hingemurmelt. Bis er irgendwann gesagt hat: ›Ich kann auch gleich Zettel rausholen, wenn ihr daran so viel Spaß habt!‹«

(Der Fanbeauftragte Justus Peltzer plaudert im Podcast »MillernTon« aus dem Gremien-Nähkästchen.)

»Ja, ich habe **schlechte Laune.** Weil diese scheiß Pressekonferenz mich davon abgehalten hat, mein Joggingprogramm durchzuziehen. Das können Sie gerne aufschreiben [lacht]. Und dann ›Splitter‹-Meldung rechts unten: **›Lienen sauer. Flippt aus!‹«**

(Die Presserunde statt des Dauerlaufs vorm Auswärtsspiel in Leipzig 2015 ist nicht ganz nach des Trainers Geschmack.)

»Du bist **der frechste Trainer,** den ich in all den Jahren hatte.«

(Juni 2015: Journalist und Ex-St.-Pauli-Spieler Buttje Rosenfeld staunt auf einer Pressekonferenz über Ewald Lienen.)

»Als Schüler wollte ich mal per Anhalter nach Hause fahren. Einer hielt an, doch als er mich sah, startete er schnell durch. **Er hatte wohl gehofft, dass ich ein Mädchen sei.«**

»Mal wurde ich als Gammler angepöbelt. Und bei einem Spiel hat mir jemand bei einer Ecke sogar einen Schirm in den Rücken gestoßen. **Da habe ich als Revanche zwei Dinger gemacht.«**

(Lienens Styling als Spieler in den 70ern und 80ern war nicht jedermanns Sache.)

Ewald Lienen bei einem Interview im Jahr 1980

Derbyfieber 1977

Jürgen Rynio, Franz Gerber und Niels Tune-Hansen bejubeln den Sieg im Volksparkstadion.

Damit hatte niemand gerechnet: Der gerade erst aufgestiegene FC St. Pauli schlug den Europapokalsieger der Pokalsieger in dessen eigenem Stadion. Auch das Publikum reagierte verblüfft – und zum Teil in heute schier unvorstellbarer Weise: »Auf dem Kopf eine HSV-Mütze, auf den Lippen ›St. Pauli!‹-Rufe.« Einziger Wermutstropfen: Bis zum nächsten Erstliga-Derbysieg sollten fast 34 Jahre vergehen …

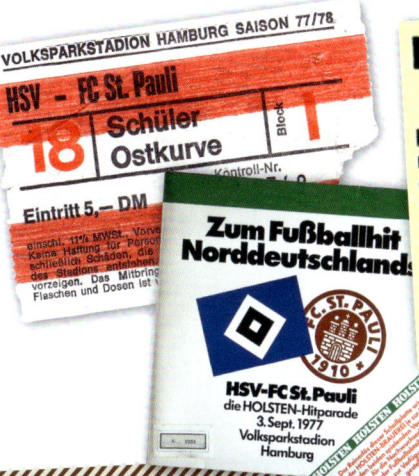

VOLKSPARKSTADION HAMBURG SAISON 77/78

HSV – FC St. Pauli

18 Schüler
Ostkurve

Block T

Kontroll-Nr.

Eintritt 5,– DM

einschl. 11% MWSt. Vorverkauf
Keine Haftung für Personen
schließlich Schäden, die im
des Stadions entstehen, ist
vorzeigen. Das Mitbring
Flaschen und Dosen ist ve

Zum Fußballhit Norddeutschlands

HSV-FC St. Pauli
die HOLSTEN-Hitparade
3. Sept. 1977
Volksparkstadion
Hamburg

Nogly: HSV schlägt FC St. Pauli 8:0

Heute ist das große Lokalderby. Erstmals seit 1963 treffen der HSV und der FC St. Pauli in einem Bundesligaspiel aufeinander. 60 000 Zuschauer werden im Volksparkstadion erwartet, die dem HSV eine Einnahme von 900 000 Mark bringen. HSV-Mannschaftskapitän Peter Nogly prophezeit: „Wir gewinnen gegen Aufsteiger FC St. Pauli 8:0!" Bericht S. 9

Leicht daneben: Prophezeiung im »Abendblatt« vom 3. September

Starschnitt
Sven Brux

»PUNK, KARPFEN UND ST. PAULI«
(Überschrift in den »Lübecker Nachrichten«)

Sven Brux ist vor allem natürlich als **1. Vorsitzender des Verbandes Deutscher Karpfenangelclubs** zu Weltruhm gelangt. Er rief allerdings auch mit dem »Millerntor Roar« die **Mutter aller Fanzines** mit ins Leben, gründete den Fanladen St. Pauli, war erster Fanbeauftragter und ist heute Organisations- und Sicherheitschef des »Magischen FC«. Braun-weißer sind höchstens seine Karpfenköder …

> **»Schade und geilo liegen oft nah beieinander:** Tschauner weg. 33er-Spiegler da. Läuft!«
> *(Statusmeldung vom Angel-Ausflug)*

»Was ich mir wünsche? Wenigstens einmal ein internationales Pflichtspiel zu absolvieren. Auch wenn es mit unserem Losglück sicher nicht ans Mittelmeer, sondern **nach Island mit Wintereinbruch** ginge.«

»Lieber ein polarisierender Verein und eine polarisierende Fanszene als Durchschnitt.«

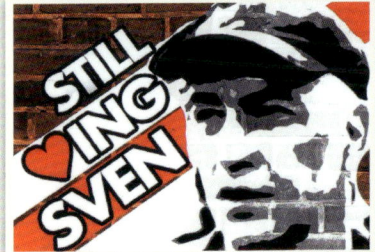

87

Zeitmaschine: die 1980er

Am Anfang

der 1980er musste der FC St. Pauli **einen Aufnäher über das Logo seines Brustsponsors setzen**, weil der durch den Auftritt beim »Pleitegeier-Verein« Sorgen um sein Image hatte. »Dem Verein damals etwas zu geben, **das war, wie etwas in ein Rattenloch zu werfen**«, so der damalige Präsident Wolfgang Kreikenbohm. Am Ende der Dekade war der FC St. Pauli dann ein »Mythos« und Medienliebling. Eindrücke aus einem Jahrzehnt, das den Verein und seine Wahrnehmung so radikal verändert hat wie kein anderes.

1981, Testspiel der deutschen National-mannschaft gegen die A-Jugend des FC St. Pauli: Die späteren Aufstiegshelden schlagen sich wacker und verlieren nur 0:6. Kurios: Trotz Spieltermins im Frühling spielen Magath & Co. in langen Hosen - zur Verlet-zungsvorbeugung ...

Das erste Tor

St. Paulis erstes Bundesligator in dieser Saison: Eintracht Frankfurts Torhüter Uli Stein (nicht im Bild) fliegt nach rechts, der Ball nach links. Elfmeterschütze Egon Flad dreht jubelnd ab

Ein Mann steht kopf

St. Paulis zweiter Saisontreffer: Torschütze Jan Kocian steht kopf, ein Fan stürmt aufs Spielfeld, und Uli Stein kniet geschlagen am Boden   Fotos: BONGARTS/NORDBILD

»Herr Schulte, leider können Sie mit dieser Mannschaft in der Bundesliga nicht bestehen. **Spieler wie Ippig, Olck, Zander, Bargfrede und Golke sind kaum zweitligatauglich.** Wenn diese Leute nicht ersetzt werden, geht St. Pauli restlos unter!«

(Kein Hellseher: Brief eines Fans an den jungen Cheftrainer des FC St. Pauli nach dem Aufstieg 1988)

»**Die Zuschauer haben uns permanent nach vorne gepeitscht.** Selbst, wenn man mal einen Ball auf die Tribüne geschlagen hat, wurde das bejubelt.«
(Jürgen Gronau)

»**Ein kollektives Glücksgefühl**, das sich im Klublokal bis zum Morgendämmern in Gesängen, Trinksprüchen und Verbrüderungen entlädt. **Es ist – auch – der Triumph über die höhere Gesellschaftsschicht.**«

(1988: Klassenkämpferisches FC-St.-Pauli-Porträt im »Spiegel« nach einem 2:1-Sieg gegen den VfB Stuttgart)

Der Inhaber dieses Ausweises hat die Berechtigung, im Auftrage des Vereins die Interessen des FC St. Pauli auf den Plätzen und im Clubhaus zu vertreten.

Ihm steht freier Eintritt zu den Spielen auf unserem Sportplatz am Millerntor zu.

FC ST. PAULI von 1910 e. V.

1988/89

Starschnitt
Walter Frosch #3

»Nur Optimisten wetten. Pessimisten haben keinen Mumm dazu.«

(Die Wette, dass der FC St. Pauli 1977/78 nicht aus der 1. Bundesliga absteigen würde, verlor Walter Frosch trotzdem. Dafür machte er mit seiner Wette auf den Derbysieg gegen den HSV schon ein sattes Plus – mit vermutlich weit besserer Quote …)

»Mein letztes Buch habe ich in der Schule gelesen. Jetzt habe ich keine Zeit mehr.«

(Lieber ging Walter Frosch ab 1976 in die »Ritze«, eine seiner Lieblingskneipen auf dem Kiez.)

»Wenn am Millerntor alle nervös unten in der Kabine waren, saß Walter meistens noch oben am Tresen und hat seine Zigarette geraucht. Einmal sagte er vorm Spiel: **›Hermann, hast du noch ein Paar Buffer für mich? Ich habe meine vergessen.‹** Ich sag: ›Ja, aber nur Größe 44.‹ Er: ›Macht doch nichts, wenn die drei Nummern zu klein sind.‹ Das hat den überhaupt nicht belastet. Walter ist praktisch vom Tresen aufgestanden, hat seine Zigarette ausgemacht, ist runtergegangen und hat Fußball gespielt.«

(FCSP-Mannschaftsbetreuer Hermann Klauck)

»Wenn es eng wurde, musstest du den Ball nur reinlöffeln, aber ziemlich hoch, so dass Walter Frosch die Chance hatte, ihn zu erreichen. **Dann fielen links und rechts irgendwelche Leute um, und Walter kam an den Ball.** Das war Walter.«

(Mittelfeldmann Uwe Mackensen über Offensive à la »Froschi«)

»Die deutsche Antwort auf **Charles Bronson**«

(Buttje Rosenfeld über seinen Mannschaftskameraden Walter Frosch)

»Dass **mein Lebenswandel** mit dem Profifußball eigentlich nicht zu vereinbaren war, braucht mir keiner zu erzählen, **das weiß ich auch.**«

(Ein Walter Frosch war gegen sich selbst mindestens ebenso hart wie gegen andere.)

»Wenn wir zweimal Training am Tag hatten, bin ich mittags mit meinen Mannschaftskollegen in die Imbissbude zu ›Schorsch‹ an den Pferdemarkt gefahren. Dort habe ich einen scharfen Schaschlik-Spieß verputzt. Nachts gab's in der Kneipe ›Zwick‹ am Mittelweg manchmal ›Nudeln à la Zwick‹. **Wie ein Profi habe ich wirklich nie gelebt.**«

(Die »Walter-Frosch-Diät«)

»Ich habe viele Fehler gemacht, die Warnungen der Ärzte in den Wind geschlagen. **Aber trotzdem bereue ich nichts.**«

(Jugendlichen riet Walter Frosch dennoch, alles anders zu machen.)

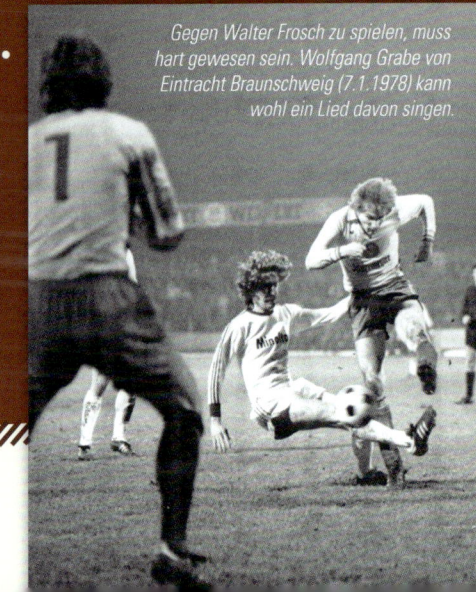

Gegen Walter Frosch zu spielen, muss hart gewesen sein. Wolfgang Grabe von Eintracht Braunschweig (7.1.1978) kann wohl ein Lied davon singen.

Derbyfieber 2011

Boll: »Die Derby-Trikots habe ich übrigens **noch nie gewaschen**.«

Reporter: »Was hat Ihre Frau gesagt?«

Boll: »Keine Sorge, **sie riechen nicht mehr**.«

Verschwörungstheoretiker könnten glatt zu dem Schluss kommen, dass der braun-weiße Abstieg am Ende der Saison 2010/11 abge-kartetes Spiel war: Solange der Stadtrivale nicht in derselben Liga spielt, steht das Mindesthaltbarkeitsdatum der am 16. Februar 2011 per 1:0 errungenen **Stadtmeisterschaft** (Tor: Asamoah, Vorlage: Boll) auf »unbe-grenzt«. Und so zählt das Fanzine »Übersteiger« in seinem Titelkopf genüsslich von Ausgabe zu Ausgabe weiter: »**Derbysieger seit 1910 + x Tagen**«.

MOPO: Haben Sie Angst vor einer Derby-Demütigung?
Reinhardt: Natürlich nicht. Ich freue mich drauf.

»Es geht doch nur um dieses Spiel. Für mich gibt es ohnehin keinen Zweifel. Wir haben jahrelang international gespielt – St. Pauli aber kennt in Europa keiner.«

(Die »Hamburger Morgenpost« hat recht: David Jarolim »weiß, wie ein Derby geht« – und offensichtlich kennt er sich auch richtig gut mit dem FC St. Pauli aus …)

»St. Pauli kann uns **nicht das Wasser reichen**!«
(Heiko Westermann beim Warmup vor dem Derby)

»Er ist ja schon lange Jahre dabei und ein erfahrener Nationalspieler. **Also wird er schon recht haben.**«
(Heiko wer? St. Paulis Florian Bruns lässt sich nicht provozieren.)

»Wenn ich das sehe, wie die St. Paulianer in unserem Stadion feiern, *dann könnte ich kotzen, ehrlich.*«

(Im Nachspiel-Interview findet HSV-Sportdirektor Bastian Reinhardt anschauliche Worte für den »bittersten Moment überhaupt, seit ich beim HSV bin«.)

»Es hat bestimmt nicht die verdiente Mannschaft heute gewonnen. Jetzt müssen wir **die Scha…, äh, die Blam…, äh, DAS** ertragen, 'n halbes Jahr.«

(Schmach? Schande? Blamage? Heiko Westermann fehlen nach dem Spiel die Worte – und er hätte dem FC St. Pauli offenbar von Herzen den Klassenerhalt gewünscht …)

»Für einen Fan des FC St. Pauli ist ein Sieg gegen den Hamburger SV eine durchaus feine Sache. Eine sehr feine Sache. **Eine so unglaublich feine Sache, dass einige der feinsten Sachen der Welt im Vergleich wirken wie ein Rachenkatarrh, wie Hammerzehen oder eine Steißbeinprellung.**«

(Die »Süddeutsche Zeitung« weiß Bescheid.)

»Rollrasenverlegerversagerbesieger«

(Braun-weißer Spott, nachdem der ursprüngliche Derbytermin am 6. Februar verschoben werden musste – der direkt vorm Spiel neu verlegte Rollrasen war dank »Hamburger Wetter« nicht bespielbar.)

Überraschung für HSV-Fan Fritz Dönselmann aus Rahlstedt: Der 46-Jährige hatte als vermutlich einzige Person in ganz Hamburg von der wetterbedingten Absage des ersten Derbytermins nichts mitgekriegt. Am bewachten und verschlossenen Stadiontor angekommen, konnte er kaum fassen, was Ordner ihm dort mitteilten. Warum Dönselmann von nichts wusste, erklärte er später im »Abendblatt«: **»Meine Familie ist grippekrank. Ich konnte nicht wie sonst fernsehen, sondern musste mich kümmern.«**

93

Starschnitt ·····································
André Golke

Religions-Klausur geht vor
St. Paulis Golke trifft knapp vorm Anpfiff in Berlin ein

1983–91	
262	
	62

»Kaum zu fassen, dass sich eine Schule derart anstellt. **Sogar unsere beiden Soldaten wurden beurlaubt!**«

(1984: Trainer Lorkowski ist empört. Wegen einer schnöden Klassenarbeit kann sein 19-jähriges Sturmtalent Golke erst zwei Stunden vorm Anpfiff zur Zweitligapartie gegen Blau-Weiß 90 Berlin erscheinen.)

»Massage? **Diesen Scheiß brauch ich nicht.**«

(Ansage an FCSP-Masseur Ronald »Wolli« Wollmann: Ein André Golke kennt keine Verspannungen.)

»Wir wussten ja, so viele Tore machen wir nicht. Und wenn wir mal eins gemacht hatten, dann haben wir es **mit Zähnen und Klauen** verteidigt.«

(Über das Erfolgsrezept der 1988er-Aufsteiger)

»Wir haben früher die Kugel oft lang nach vorne gehauen und sind dann 20 Minuten nur draufgegangen. Dadurch haben wir auch die Zuschauer mitgerissen und **das Stadion in einen Hexenkessel** verwandelt.«

(Noch so ein Erfolgsrezept)

»Wir sind oft ins Klubheim gegangen. In der alten Räucherhöhle haben wir mit den Fans auch nach schlechten Spielen unser Bier getrunken, ohne angepöbelt zu werden.«

»Ich weiß von ehemaligen Gegnern, dass die nie gerne bei uns gespielt haben. Das ist heute leider anders, die Mannschaften kommen gerne nach Hamburg. **Große Stadt, volles Stadion, und dann dürfen sie auch noch locker drei Punkte mitnehmen**.«

(In der braun-weißen Krisensaison 2014/15 hätte sich André Golke am liebsten selbst eingewechselt.)

Nach dem Abstieg aus der 1. Bundesliga wechselte André Golke 1991 zum 1. FC Nürnberg – und bewies, dass er weder das Treffen verlernt noch den Durst verloren hatte: Erst befeuchtete er bei einem abendlichen Umtrunk von »Cluberern« und Werder-Profis zur Feier des letzten Saisonspiels gründlich die Kehle – dann schoss er den FCN mit drei Toren in sechzehn Minuten zum 3:1. Lupenreiner Hattrick in der zweiten Halbzeit! Golkes trockener Kommentar:

»Drei Promille – drei Tore!«

»Ich bin damals persönlich auf die HSV-Geschäftsstelle gefahren, habe mich für das Angebot bedankt, aber abgelehnt. **Das wollte ich unseren Fans einfach nicht antun**.«

(Warum er trotz eines lukrativen Angebots 1991 nicht zum Stadtnachbarn wechselte)

Golke: »Ich werde nie vergessen, wie wir 1989 gegen **Borussia Dortmund** gespielt haben. Das Spiel wurde wegen der TV-Liveübertragung von Samstag auf Donnerstag vorverlegt, aber wir hatten schon lange für Dienstag einen Mannschaftsabend geplant.«
Reporter: »Und der wurde nicht verschoben?«
Golke: »Auf keinen Fall! **Am längsten waren ein gewisser André Golke und Dirk Zander unterwegs**. Aber die haben beim 2:1 auch die Tore gemacht!«

Unparteiisch

»Wir haben **nicht das Recht**, **jede Entscheidung des Schiedsrichters zu kommentieren**. Der lacht sich ja auch nicht tot, wenn wir einen Fehlpass spielen.«

(Ewald Lienen)

»Ich hatte meine Emotionen nicht im Griff und applaudierte dem Schiedsrichter zur ersten Karte, **woraufhin er plötzlich seine beiden Hände voller bunter Karten hatte** und mich nach dreistündiger Busfahrt frühzeitig zum Duschen schickte. Für die Mannschaft erwies sich dieser Umstand jedoch als ein außerordentlicher Glücksfall: Alle unsere vier Treffer konnte ich mit den zahlreich mitgereisten Fans von draußen bejubeln, und am Ende gewannen wir trotz Unterzahl souverän!«

(2007: Ex-Profi Benny Adrion unterstützt St. Paulis Amateure – auf und neben dem Platz.)

»Wir sind hier nicht bei der **rhythmischen Sportgymnastik**, wo wir uns nicht berühren.«

(Holger Stanislawski zu einer umstrittenen Elfmeter-Entscheidung)

Seinem Ruf als Trainerfuchs wurde **Edgar »Edu« Preuß**, *St.-Pauli-Coach von 1971 bis 1972, auch beim VfR Neumünster gerecht: Als der Schiedsrichter einmal nach vehementen Pöbeleien von der Seitenlinie beschlossen hatte, Preuß vom Platz zu werfen, sorgte der dafür, dass* seine Spieler den Referee ablenkten – ausreichend lang, um **auf die Tribüne zu flüchten und sich unerkannt unters Volk zu mischen**. *Als der Schiedsrichter endlich die Bank erreichte, war Preuß nirgends mehr zu finden.*

Karikatur von 1971

Keiner kann Trainer Edgar Preuß und seine Mannen auf dem Weg zur Meisterschaft aufhalten. Manager Walter Windte zeigt seiner Mannschaft die Richtung an

Einen unvergesslichen Auftritt legte **»Western-Schiri«**
Thomas »Django« Metzen im November 2008 bei der Zweitligapartie Mainz 05 gegen den FC St.
Pauli hin. »Das ging schon vor dem Spiel
los«, erinnert sich Fabian Boll: »Als wir
rausgehen sollten, meinte Metzen nur:

›Auf geht's, Cowboys!‹« Als
St. Paulis Florian Bruns und Mainz'
Miroslav Karhan Ende der ersten
Halbzeit aneinandergerieten,
verwarnte Metzen die Streit-
hähne einfach gleichzeitig –

per **»Doppelgelb«**.

So etwas hatte selbst
der gelberfahrene Timo
Schultz noch nicht gesehen:
**»Ich fand das lässig.
Aber ich weiß nicht,
ob die Schlipsträger

des DFB das auch so lustig fanden.«** Fanden
sie nicht. Zwar hatte die Aktion keine persönlichen Konsequenzen –
doch Schiedsrichter-Lehrwart Eugen Strigel verdonnerte seine
Unparteiischen per Rundschreiben, in Zukunft stets nur mit einer Karte
zur selben Zeit zu hantieren: »So etwas habe ich noch nicht erlebt. **Das
Verhalten entsprach nicht unseren Anweisungen.«** FCSP-
Trainer Stanislawski dagegen war entzückt: »Auch noch über Kreuz!
Damit ist er die nächsten zehn Jahre im TV.« Tatsächlich
war Metzen sogar beim 2010er-Aufstieg
des FC St. Pauli dabei. Als Teil einer
»Show-Einlage« nach dem letzten
Heimspiel spielte Teammanager
Christian Bönig den »Django« und zeigte
einem schwalbenden und pöbelnden
Timo Schultz im David-Jarolim-Trikot
Doppel-Rot.

Starschnitt ....
Fabian Boll #2

»Er war zwar kein guter Fußballer, aber er ist so ganz in Ordnung. **Außerdem hat er immer meine Strafzettel beglichen** als Polizist.«

(Holger Stanislawski über Fabian Boll vor dessen Abschiedsspiel)

»**Auf meinem Zimmer liegt ein Fluch.**
Ralle Gunesch lag bei mir, dann sind wir aus der Bundesliga abgestiegen, und ich musste nach zwei Jahren etwas verändern. Ralle ist weg. Auch meine Zimmer-Kollegen Brückner und Borger sind nicht mehr da. [An Benedikt Pliquett:] **Na, Angst?**«

(Juli 2012: »Boller« bleibt, Zimmernachbarn gehen.)

»Läuft doch gut mit uns. **Ich brauche nur Ohrenstöpsel, damit ich schlafen kann.**
Dabei schnarchst du nicht mal.«

(Benedikt Pliquett über seinen Zimmerkollegen Fabian Boll)

»Komm, **geh du morgen mal wieder arbeiten.**«

(Bayerns Jens Jeremies an den Teilzeitpolizisten Fabian Boll)

Salihovic: »**Jetzt bist verhaftet!**«

Boll: »Den Spruch hab ich natürlich noch gar nicht gehört.«

(Die Kreativabteilung der TSG Hoffenheim hängt dem Fußball qualitativ leicht hinterher.)

Fabian Boll an seinem Arbeitsplatz im Polizeikommissariat 17

»Schieß doch, Bulle«: Fanräume e.V. würdigt »Boller« mit einem Benefiz-Shirt.

»»Heute hören ja auch Polizisten Blumfeld‹, hat Ted Gaier von den Goldenen Zitronen mal gesagt. Hat er Boll gemeint? **Der könnte gut Blumfeld hören.**«

(Hamburger Diskurspop im Polizeirevier? Die »taz« ist sich nicht sicher…)

»Es gibt auch Bereiche, in denen es auseinanderdriftet. Man ist ja schon froh, wenn einer von denen noch **Nirvana oder Guns N' Roses** kennt.«

(Über den Musikgeschmack der jüngeren Teamkollegen)

»Ich hab vier Wochen gar nix gemacht. **Aber ich hab meine Pulsuhr irgend so 'nem Köter da in Mexiko umgebunden.** Der ist dann immer die Straße rauf und runter, und deswegen hab ich jetzt gute Läufe. Über 'ne Stunde mit **340 Puls**!«

(Als Mannschaftskapitän war Fabian Boll auch in der Sommerpause stets ein Vorbild für die jungen Spieler.)

»**Die Füße müssen noch justiert werden.** Da ist einiges im Argen, wie ich heute Morgen schon feststellen konnte. Also bei mir natürlich nicht, aber bei allen anderen 14 Leuten.«

(Zum Vorbereitungsauftakt 2012/13)

»Ich habe keine Lust, ab Spieltag 30 nur noch um den **Charly-Brown-Pokal** zu spielen!«

(2012: Für Fabian Boll geht es weiter um den möglichen Aufstieg.)

Mixed Zone #3

»Elfmeterschießen, das ist irgendwie **wie mit Frauen und Autos** – reine Glückssache!«

(Juri Sawitschew)

»Wir haben derzeit **Haarausfall. Wenn wir gar keine Haare mehr haben,** an denen wir uns aus dem Sumpf ziehen können, dann sind wir abgestiegen.«

(1997: Der FC St. Pauli ist nach einem trostlosen 0:2 in Düsseldorf am Boden zerstört – Manager Schulte flieht in die Welt der Metaphern.)

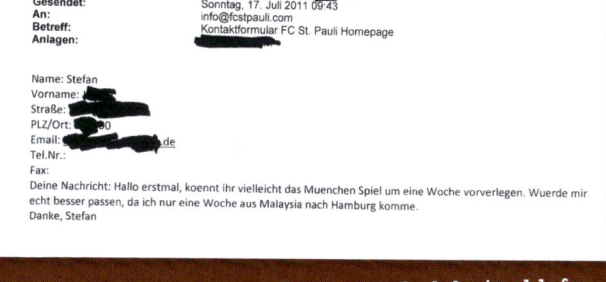

Servicewüste St. Pauli: Trotz dieser höflichen Anfrage wurde stur am ursprünglichen Spieltermin festgehalten …

Von:
Gesendet: Sonntag, 17. Juli 2011 09:43
An: info@fcstpauli.com
Betreff: Kontaktformular FC St. Pauli Homepage
Anlagen:

Name: Stefan
Vorname:
Straße:
PLZ/Ort:
Email:
Tel.Nr.:
Fax:
Deine Nachricht: Hallo erstmal, koennt ihr vielleicht das Muenchen Spiel um eine Woche vorverlegen. Wuerde mir echt besser passen, da ich nur eine Woche aus Malaysia nach Hamburg komme.
Danke, Stefan

»Wenn ich **tätowiert werde**, kann ich dabei schlafen. Bei St. Pauli könnte ich das nie.«

(Fan-Original Tattoo-Theo erzählt, was beim Tätowieren geht …)

»**Das Gesicht bleibt Tabuzone.** Ich gehe regelmäßig in die Oper und will die Leute nicht erschrecken.«

(… und was nicht geht.)

»Als unsere Tochter Annabell etwa acht Jahre alt war, brach meinem Mann beim Abendessen eine Zahnkrone aus dem Oberkiefer, und es klaffte ein Loch neben dem Schneidezahn. Völlig begeistert sah Annabell ihren Vater an und sagte todernst: ›**Papa – jetzt siehst du endlich aus wie ein richtiger St.-Pauli-Fan!**‹«

(Erzählt von St.-Pauli-Fan Marlies M.)

»Ich krieg neue Zähne, ich krieg neue Zähne!«

»Meeeensch! Deine neuen Zähne interessieren doch nich!«

Zahnkultur am Millerntor in einem TV-Beitrag der 90er. Achtung, das ist NICHT der Papa von Annabell in der Anekdote links unten!

»Ich trug mal ein **St.-Pauli-Trikot in Berlin,** und meine Tochter, 2. Klasse, versuchte den Schriftzug des Wappens vorzulesen: FC St. Pauli. Kann nicht so schwer sein, denkt man sich, aber da die ersten Jahre der Grundschule noch unter dem Motto ›**Such den Vokal**‹ laufen und bei FC eben einfach keiner ist, machte sie aus FC einfach ›Fuck St. Pauli‹. Auf meine Anregung, dass das so nicht gehen würde, meinte sie: ›**Aber das steht da doch: FUCK St. Pauli!**‹«

(Thees Uhlmanns Tochter lernt lesen.)

»Ist das der **Ewald-Lienen-Dom?**«

(Frage eines sehr jungen St.-Pauli-Fans bei einer Tour durch Paris – inklusive Invalidendom)

7. Oktober 1989: Beim Auswärtsspiel gegen den VfB Stuttgart entdeckt Schiedsrichter Assenmacher sein Herz für **Zuschauer mit Schwarzweiß-Fernsehgeräten** – und untersagt den St. Paulianern mit Hinweis auf die schwierige Unterscheidbarkeit der beiden Teams ihre weißen Hosen. Der VfB ist so nett und leiht ihnen andere – ausgerechnet in Rot. Als wäre der Auftritt als **»Rothosen in Braun-Weiß«** nicht schon schlimm genug, sind die geliehenen Buchsen auch noch **mehrere Nummern zu klein.** Ob das Spiel deswegen 0:4 verloren geht? VfB-Spieler Jürgen Hartmann jedenfalls kann einen Hauch Schadenfreude kaum verbergen: »**Vielleicht war das doch ein bisschen unbequem!**«

Starschnitt ·················
Harald Stender ··········

1945–60	
336	
22	

»Harald war sehr gut. **Aber zu anständig.«**

(Otmar Sommerfeld, langjähriger Teamkamerad)

Titelblatt des »Kicker« vom 31.3.1952

»Komm, Harald, **hol doch noch ein paar Mark raus!«**

(Bitte der Mannschaftskameraden ums Prämienfeilschen mit dem Präsidium)

»**Harald war menschlich einmalig.** Der hat sein letztes Hemd ausgezogen, wenn er helfen konnte.«

(Harry Wunstorf, St.-Pauli-Keeper von 1951 bis 1964)

Harald Stender (rechts) in einem Spiel gegen den HSV (1948)

Nachkriegs-Touren zu Schwarz-Weiß Essen auf der Lastwagen-Ladefläche (»alle hinten drauf«). Eigenhändige Mannschaftsbusreparaturen auf dem Weg zum Viertelfinale der Deutschen Meisterschaft in Berlin. Torwarte, die wegen Schwarzhandels aus der Davidwache ausgelöst werden mussten: Der gelernte Autoschlosser Harald Stender, **Ur-St.-Paulianer** und **Publikumsliebling** der **»Wunderelf«**, hat all das erlebt. Und 2008 auch noch eigenhändig die Champagnerflasche zur Einweihung der neuen Südtribüne zerschellen lassen, mit Tränen der Rührung in den Augen. Nur ein doppelter Schädelbasisbruch auf gefrorenem Boden gegen Werder Bremen verhinderte, dass er Nationalspieler wurde. **Am 11. August 2013 wurde der Platz vor der neuen »Süd« nach Harald Stender benannt: Verbeugung vor einem Leben in Braun-Weiß.**

Einweihung des Harald-Stender-Platzes, mit dabei: Stefan Orth, Stenders drei Kinder und Bezirksamtsleiter Andy Grothe

Die Kunst des Aufstiegs: 2001

>»Das ganze Stadion war im **Jubeltrauma.**«

(André Trulsen über die Szenen nach dem Abpfiff in Nürnberg)

>»Ich kann einfach nur sagen: **Danke, Deniz Baris, dass du so 'nen platten Schädel hast** – und dass du ihn so eingesetzt hast!«

(Ivan Klasnic an den Schützen des entscheidenden 2:1 im Aufstiegs-Endspiel gegen Nürnberg: Schuss Rath, Latte, Kopfball Baris – TOR!)

St. Pauli im Oberhaus

30 000 feiern...

DAS FINALE DER 2. LIGA

Die Fußballgötter müssen verrückt sein

HAMBURGER **MORGEN POST**

2:1
in Nürnberg
– da trugen
die Trainer
Demuth auf
Händen

Aufstieg!
Das Wunder von St. Pauli auf 8 Seiten

Meister! Das unglaubliche Glück der Bayern

SPEICHER AM FISCHMARKT
Elektro-Roller

Das Wunder ist wahr
Einfach geil, Pauli!

»Bei der Aufstiegsparty ist mir noch einmal bewusst geworden, mit was für einem herrlich ausgeflippten Haufen wir die Bundesliga erreicht haben. **Irgendwie erinnert er mich an den Kino-Hit ›Einer flog über das Kuckucksnest‹**, als Jack Nicholson mit einigen liebevoll Verrückten einen Ausflug mit einem Schiff macht.«

(Trainer Dietmar Demuth)

»Es waren total krumme, schiefe Vögel dabei. Und **jeder wollte sich auf seine Art beweisen**.«

(Thomas Meggle über seine Aufstiegs-Teamkameraden)

»Glatze? Kann ich nicht machen. Ich heirate in drei Wochen!«

(Dubravko Kolinger, Torschütze zum 1:1, hat Aufstiegs-Wettschulden.)

»Wenn wir nicht an unsere Bundesligatauglichkeit glauben würden, könnten wir gleich **zu Hause bleiben und im Garten grillen**.«

(Holger Stanislawski im September 2001)

Starschnitt ....
Benny Adrion ....

2004–06	
37	⚽
	0

»Nach St. Pauli will ich **für keinen anderen Verein** mehr spielen!«

(Benjamin »Benny« Adrion beendete seine Fußballkarriere mit 25 Jahren und wandte sich dem von ihm initiierten Trinkwasserprojekt »Viva con Agua de Sankt Pauli« zu.)

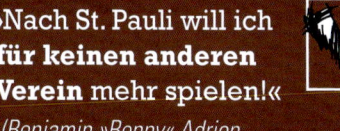

»Benny Adrion **erobert Bellevue**«

(Schlagzeile der »Hamburger Morgenpost« zur Auszeichnung mit dem Bundesverdienstkreuz für »Viva con Agua«)

Reporterin: »Wenn du nicht Fußballprofi und Initiator von Viva con Agua geworden wärst, was wärst du dann geworden?«
Adrion:
»**Astronaut**!«

»So war das Motto:
Kommse rauf, könnse runterfliegen!«

(Eingewechselt in der 64., Gelb-Rot in der 86. Minute: Benny Adrion über seinen ersten Platzverweis, im September 2005 gegen Wuppertal)

»Dass ich **in meinem letzten Spiel** für den FC St. Pauli einen **Elfmeter verschossen** habe.«

(Auf die Frage, was ihm peinlich ist)

Starschnitt ....
Marc Rzatkowski .....

»Da hab ich mir gedacht:
Warum das Tor mit rechts machen,
wenn es mit links doch cooler ist?«

*(Marc Rzatkowski über sein 3:1 gegen Greuther Fürth
am 16. August 2015)*

2013–2016	
85	⚽
	12

Name	▲ ▼	Aussprache	Link
Rzatkowski		Schattkowski	

*Lautschrift aus Rainer Wulffs
Aussprache-Datenbank*

»Mein Nachname wird **Schattkowski**
ausgesprochen. Deswegen bin ich
Marc Schattkowski.«

»Ich hab auch **keine Ahnung, warum
mich alle immer auf meine Haare
ansprechen.** Vielleicht ist es ein
bisschen extremer, aber ich mach mir
da nicht immer so'n Kopf drum.«

»**Abgezockt wie ein Börsenhai**
(bloß mit den gegenteiligen
Sympathiewerten)«

(»Viva St. Pauli«-Kolumnist Gegengeraden-Gerd über »Ratsche« Rzatkowski)

»Wir waren jetzt schon **zweimal Kaffeetrinken,**
aber das passt nicht so.«

(Über seine zeitweilige Nachbarin Sylvie van der Vaart)

»Ich halte mich auch gern mal zurück
und **staune über andere.**«

Zeitmaschine: die 1990er

Mein neues Millerntor

Ein Schatzkästchen für 65 Millionen

»**Das neue Stadion kommt, ganz sicher.** Ich bin doch kein Träumer, der das alles umsonst angeschoben hat!«

(Präsident Heinz Weisener im Dezember 1998)

Rückblickend wirken die 1990er wie ein **Jahrzehnt des Wartens:** auf den Aufstieg. Auf das neue Stadion. Auf die Rückkehr der alten oder den Anbruch ganz neuer Zeiten. Aus St.-Pauli-Sicht fing das Jahrzehnt mit einem **Abstieg** an (1991 in der Relegation gegen die Stuttgarter Kickers) und hörte mit einem **Gerade-noch-Klassenerhalt** auf (2000 gegen Rot-Weiß Oberhausen), den manche bis heute einschneidender in Erinnerung haben als den Aufstieg von 1995.

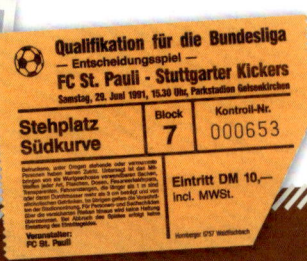

Qualifikation für die Bundesliga
— Entscheidungsspiel —
FC St. Pauli - Stuttgarter Kickers
Samstag, 29. Juni 1991, 15.30 Uhr, Parkstadion Gelsenkirchen

Stehplatz Südkurve	Block	Kontroll-Nr.
	7	000653

Eintritt DM 10,—
incl. MWSt.

Veranstalter:
FC St. Pauli

Wie lange all das her ist, wird spürbar, wenn man eine heute kaum vorstellbare Anzeige liest, die der FC St. Pauli nach dem Abstieg 1991 aufgab: »**Beste Aufstiegsmöglichkeiten bei geringer Bezahlung.** Wir sind ein Unternehmen der Sportbranche und suchen per sofort 15–20.000 sympathische Damen und Herren für den regelmäßigen Einsatz in unserer Außenstelle am Millerntor. Sie sollten sportbegeistert, dynamisch und gut bei Stimme sein. Erstklassige Unterhaltung, frische Luft und sehr gute Aufstiegsmöglichkeiten werden gestellt, **die Bezahlung von DM 130,- pro Jahr ist mitzubringen.** Richten Sie Ihre **Bewerbung für eine Dauerkarte** bitte an Tel. …«

Starschnitt
Florian Lechner

»Maschine«

(Spitzname in der Mannschaft)

2004–11	
117	⚽
	2

»Marvin Braun und Florian Lechner sind ein Kopf und ein Arsch. **Der läuft, bis er aus den Augen blutet.**«

(Holger Stanislawski)

»Stani hat dann abends gefragt, wer sich im Stande fühlt, 90 Minuten zu spielen. Schulle hat sich gemeldet und gesagt: ›**Wenn Lelle nicht spielen muss, dann spiele ich durch.**‹«

(Über ein Freundschaftsspiel kurz nach den Aufstiegsfeierlichkeiten 2006/07)

»Es gibt ja in der ›11 Freunde‹ die Rubrik ›Bei der Geburt getrennt‹ – **also wenn wir nicht so verschieden aussehen würden, dann könnte man glatt denken, dass wir Zwillinge wären!**«

(Timo Schultz über seinen Freund und Teamkameraden Florian Lechner)

»Besoffen waren wir immer noch besser als Magdeburg!«

(Über das letzte Saisonspiel 2006/07)

»Lelle steht **immer unter Strom!**«

(Marvin Braun)

»Bei dem **musst du den Stecker rausziehen,** damit er nicht mehr im Höchsttempo weiterläuft.«

(Holger Stanislawski)

Starschnitt
Jürgen Gronau

1981–97		
👟	429	⚽
		34

»Ich spiele beim FC St. Pauli, **weil ich nichts anderes kennengelernt habe.**«

(Auf St. Pauli aufgewachsen, ab 1974 im Verein, langjähriger Mannschaftskapitän, mehrfacher Aufsteiger, Pflichtspiel-Rekordhalter: Mehr St. Pauli als Jürgen Gronau geht nicht. Nur ein großer Sprücheklopfer war er nie – und darum bleibt dieser Starschnitt vergleichsweise kurz …)

JÜRGEN GRONAU

»Jürgen Gronau ist der **Saubermann ohne Spitznamen.** Seinen Wagen chauffiert er immer blitzblank über Hamburgs Straßen.«

(»Hamburger Abendblatt«, 1989)

»Auf dem Platz waren wir Vollprofis – doch **neben dem Platz haben wir uns manchmal benommen wie eine Thekenmannschaft.** Aber das ging nach dem Motto: Wer feiern kann, der kann auch arbeiten. **Ab Mittwoch haben wir uns wieder auf Fußball konzentriert.**«

(Dabei hätte es Donnerstag doch auch getan …Jürgen Gronau über die Aufsteiger von 1988)

»Der hätte ganz woanders spielen können. **Aber für Jürgen gab es eben nur St. Pauli!**«

(Einhelliges Urteil der Mannschaftskameraden)

Liebesgrüße aus der Lederhose

Das war nicht unbedingt abzusehen: »Heute begrüßen wir **20.500 Fans des FC Bayern**«, freute sich Stadionsprecher Rainer Wulff beim »Retterspiel« 2003 gegen den Rekordmeister, und nach Abpfiff des Benefiz-Kicks drehte FCB-Manager Hoeneß eine umjubelte Ehrenrunde im »Retter«-Shirt. 15 Jahre zuvor hatte das noch ganz anders geklungen …

»Das Heft enthält eine Hetzkampagne!«

(Oktober 1989: Die »Klassenkampf«-Titelgeschichte der Stadionzeitschrift »Millerntor-Magazin« trifft nicht das Humorzentrum von Uli Hoeneß. Er erwirkt einen Verkaufsstopp.)

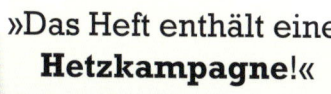

»**1.** Uli Hoeneß wirkt nicht wie ein Kredithai, sondern wie ein **Samariter und Bekämpfer von Armut und Hunger in der Dritten Welt.**

2. Er hat keine verbitterten Gesichtszüge, sondern ein **frisches, offenes und sympathisches Antlitz,** seine Brille ist nicht affig, sondern todschick, seine Hautfarbe ist nicht käsig, sondern rosig, insbesondere wenn er vor Fernsehauftritten aus der Maske kommt.

3. Hoeneß verschoss bei der EM 1976 nicht den entscheidenden Elfmeter, sondern verwandelte ihn **elegant und unhaltbar.**«

(Antwort des »Millerntor-Magazins« in einer Presse-Erklärung)

»Davon hättest du dich 14 Tage ernähren können.«

(Bayerns Ludwig »Wiggerl« Kögl zu den Gegenständen, die beim '89er-Gastspiel der Bayern auf den Millerntor-Rasen geworfen worden waren)

»Rübenacker mit feindseliger Stimmung«

(Jupp »Osram« Heynckes & Co. waren sich 1989 einig: Hier wollen wir so schnell nicht wieder hin!)

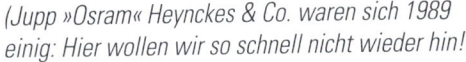

Im März 1991 kam es noch schlimmer für die Bayern: Auswärtssieg für St. Pauli! Torschütze Ralf »Colt« Sievers, Keeper Ippig & Co. trieben die Heynckes-Elf im Olympiastadion zum Wahnsinn. Im Publikum: der frisch entlassene Aufstiegstrainer Helmut Schulte, stilecht mit Schal und Bierbecher auf dem Stehplatz.

»Wir haben die zu diesem Zeitpunkt beste Mannschaft der Welt an die Wand gespielt. Ich betone: Gespielt! Wir!«

(Torschütze Thomas Meggle über das 2:1 vom 6. Februar 2002)

»Ich hatte das Gefühl, dass die uns für den Sieg sogar umbringen würden.«
(Mehmet Scholl)

Weltpokalsiegerbesieger: Nico Patschinski schoss das 1:0.

Ich habe mich noch nie so geschämt. 30 Minuten nach der Pleite werden schon wieder Sprüche geklopft und Karten gespielt. **Die Spieler essen Scampis, und ich habe eine schlaflose Nacht.«**

(Uli Hoeneß im Februar 2002 als frischgebackener Besiegter des Weltpokalsiegerbesiegers)

»Ich glaube, dem **Manager schmecken Scampis** auch nicht so schlecht.«

(Oliver Kahn)

Starschnitt
Ewald Lienen #3

KIEZKIEKER
SANKT PAULI FANZINE · #74 - 25.10.2015 - 1,50€

THE BEST ONE

»Wenn mich Kölns Konopka zu sehr geärgert hat, ist der Berti über die Mittellinie gekommen und hat mich gerächt. **Das war zwar gegen meine pazifistische Grundeinstellung,** aber tief drinnen habe ich eine leichte Genugtuung gespürt.«

(Friedensbewegung hin oder her: Bei den Derbys zwischen Mönchengladbach und Köln in den späten 70ern war ein »Terrier« wie Berti Vogts schon ganz nützlich.)

»Na Ewald, **frisste wieder aus der Radkappe?**«
(Mitspieler-Spott über Lienens Müslischale in den 70ern)

»Das Getreide habe ich selbst gemahlen. Erst mit der Hand, später elektrisch. Erst haben sich meine Gladbacher Mitspieler totgelacht. Doch weil ich rennen konnte wie ein Geisteskranker, musste ich bald einige Portionen mehr machen.«
(Über seine langjährige Leidenschaft für »Frischkornbrei«)

»Mein Problem sind Domino-Steine. Da würde ich mich sogar als **Junkie** bezeichnen.«
(2015: Ewald Lienen hadert mit seiner nachlassenden Ernährungs-Disziplin.)

»Meine Unterschrift ist nicht mehr wert als deine.
**Im Zirkus von Brot und Spielen trete ich nicht
als Autogramme schreibender Held auf.«**

*(»Star-Rummel« ist nicht Lienens Sache –
das war auch schon zu seiner Zeit als Spieler so.)*

»Es ist das Vorrecht der Jugend,
Dinge extremer zu sehen. Natürlich
muss ich im Nachhinein über
manches schmunzeln.«

(Über seine jungen Jahre)

»Oh, Oh, Oooh! / Sankt Pauli hat sich einen neuen
Trainer gesucht. / Oh, Oh, Oooh! / Die Taschen voller
Zettel – und schon läuft's wieder gut.
Die andern sind Erster / und besser als wir. / Aber deine
seltsame Art … / ist mir irgendwie lieber!
Ewald Lienen, es reicht, wenn wir / auf Platz 15 stehen.
/ Ewald Lienen, wenn's mehr wär – / könnt ich eh nicht
mit umgehen. / Ewald Lienen, ich lass mich fallen / und
du fängst mich auf. / Du bist einfach da, wenn man dich /
wirklich braucht!«

*(2015: Nach dem Klassenerhalt singen die Hip-Hopper und St.-Pauli-Fans von
»Fettes Brot« Ewald Lienen eine Hymne zur
Melodie des 90er-Jahre-Hits »Evelin«.
An der Gitarre: der damalige
Sänger Niels Frevert.)*

… STILL
♥'ING
EWALD

Großes Kino:
»Froschi« und die

*Ein Fernseh-Interview im Rahmen des Benefiz-Fußballspiels »Tag der Legenden«
machte Walter Frosch lange nach dem Ende seiner aktiven Karriere zum*
YouTube-Star. *Mit dabei: Schiedsrichter-Legende Walter Eschweiler und ein
Reporter des Norddeutschen Rundfunks.*

*Reporter: »Jaaa – Walter Frosch: Kurz vor
der Pause noch der Ausgleich …«*

*Eschweiler (unterbricht schulterklopfend):
»Das issen anständiger Junge. Ich kenne
ihn jahrelang. Er hat immer sauber und
fair versucht zu spielen.« (Eschweiler ab)*

*Reporter (lachend): »Da haben wir doch
gar keinen Zweifel dran. Wir wollen ja nur
nachfragen, ob das in Ordnung geht bisher,
das Ergebnis.«*

»Das Wichtigste
für mich? **Es muss jeden
Tag was in der Zeitung
stehen.** Egal, ob
gut oder schlecht.«

*(Walter Frosch über seine Vorstellung
von Öffentlichkeitsarbeit, 1977)*

Stutzenzigaretten

Frosch (mit Reibeisenstimme): »Ja, alles in Ordnung. Ergebnis 1:1 ist verdient – für die anderen …«

Frosch: »… aber zweite Halbzeit müssen wir noch mal zulegen!«

Reporter (stutzt und schaut nach unten): »Was haben Sie denn da unten in Ihrem Stutzen drin?«
Frosch: »Zigaretten.«

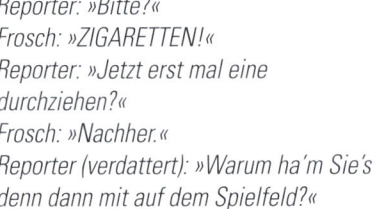

Reporter: »Bitte?«
Frosch: »ZIGARETTEN!«
Reporter: »Jetzt erst mal eine durchziehen?«
Frosch: »Nachher.«
Reporter (verdattert): »Warum ha'm Sie's denn dann mit auf dem Spielfeld?«

Frosch (mit vollkommener Selbstverständlichkeit): »Ich bin schnell eingewechselt worden, da hab ich sie noch dabeigehabt.«

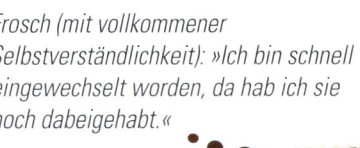

»Ich bin der Typ
liebenswerter Diktator.«
(Selbstbeschreibung im April 2010)

»Wir brauchen keinen Schweinsteiger.
Der ist zu gut. Der würde sich bei uns nur
verschlechtern.«

*(Dezember 2010: 0:3 in München. St.-Pauli-Coach
Stanislawski ist nicht begeistert.)*

»Mit unserer Leistung ist es
wie mit den Lottozahlen –
sie ist **immer wieder neu**.«

*(November 2011: Auch in Hoffenheim ist
nicht alles Gold, was glänzt.)*

»Wir machen Fehler nicht nur einmal,
**wir machen sie ein zweites Mal, ein drittes
Mal, ein viertes Mal und teilweise fünfmal
im Spiel.** Und versuchen es das sechste und
siebte Mal trotzdem genauso wieder zu machen.
Das ist schon große Kunst.«

(Dezember 2011: Die Lage hat sich nicht verbessert.)

»Holger Stanislawski ist für
mich der einzige Trainer, der,
**wenn scheiße gespielt worden ist,
das auch so nennt**.«

(Hans Apel, Ex-Finanzminister und St.-Pauli-Fan)

»Mit seinen Ansprachen machte er uns so heiß, dass wir am liebsten **durch die geschlossene Kabinentür** raus auf den Platz wollten.«

(Fabian Boll)

»Wir haben **viele junge Geißlein und ein paar alte Böcke.** Die Mischung stimmt.«

(Über die Erstligamannschaft des FC St. Pauli 2010/11)

»Selbst wenn Arjen Robben 'ne neue Herausforderung suchen sollte, **würden wir ihn nicht nehmen.**«

(Vorm Rückrundenstart 2010/11)

»Wenn ›Truller‹ Brüste hätte, **hätte ich ihn geheiratet.**«

(Über seinen ehemaligen Mitspieler und langjährigen Co-Trainer André Trulsen)

»Man darf sich schon mal auf den Arsch setzen, aber **man muss auch wieder aufstehen können.**«

(Nach einer 0:5-Niederlage beim 1. FC Nürnberg im März 2011)

»Wenn der **FC Barcelona** noch mal 'nen Trainer sucht, der ihn zur Meisterschaft führt, dann wäre ich durchaus in der Lage, dieses auch zu machen, ohne dass hier ein neuer Inhaber rein muss.«

(2014: Trotz neuer Aufgabe als Leiter einer Supermarktfiliale schließt »Stani« eine Rückkehr auf die Trainerbank nicht aus.)

Teppichetage

»Wir haben alles Mögliche gemacht. **Das meiste ist nicht gelungen.** Aber vieles ist gelungen.«

(Ernst »Don Ernesto« Schacht zieht rückblickend eine optimistische Bilanz seiner Amtszeit als Vereinspräsident in den 70ern.)

»Dass der **Otto Paulick vorbestraft** ist, macht überhaupt nichts. Das bin ich doch auch!«

(Fan-Original Tattoo-Theo machen die Auseinandersetzungen um »seinen«, 1990 nach dem Vorwurf der Bilanzfälschung zurückgetretenen Präsidenten wenig aus.)

Getwittert, getan: Nach diesem Tweet siegte St. Pauli gegen den 1. FC Nürnberg mit 1:0 – und wenig später wechselte der langjährige FCSP-Geschäftsführer Michael Meeske tatsächlich als Finanzvorstand zum FCN …

FÜR 3 PUNKTE KÖNNT IHR IHN HABEN!

#KLASSEHALTEN

FC St. Pauli
@fcstpauli

#fcsp #klassehalten #fcspfcn
10:14 · 16 Apr 2015

🔁 31   ♥ 37

Folgen

»Liebe *Mitgliederinnen und Mitglieder*«

(Stefan Orth auf der Suche nach der korrekten Anrede der Jahreshauptversammlung)

»Das geht jetzt **rattatatzong**!«

(März 2007: Corny Littmann prophezeit Aufsichtsrat und Öffentlichkeit einen baldigen Baubeginn der neuen Südtribüne.)

»Nicht alle im Verein müssen einander mögen. Der FC St. Pauli ist schließlich kein Swingerklub.«

(Corny Littmann)

»Walter Frosch hat selbst mit Schuhen gespielt, die drei Nummern zu klein waren. Reenald Koch ist schon nicht mehr aufgelaufen, wenn er **nicht die richtigen Stutzenbänder hatte.**«

(Hermann Klauck, langjähriger Teammanager, weiß Bescheid.)

»Wir sind weise, nur der Greise hat 'ne Meise!«

(Antwort per Fan-Transparent)

»**Seid weise,** schlechter Rat ist teurer.«

(1999: Aufsichtsrat und Präsident Heinz Weisener sind im Clinch. Bei einem Punktspiel schlägt sich die Mannschaft per T-Shirt-Aktion auf die Seite von »Papa Heinz«.)

»Es wird immer schwieriger, ja eher unmöglich sein, **mit einer Bierflasche in der Hand aufzusteigen.**«

(Oke Göttlich)

Starschnitt Rainer Wulff

»Hamburg ohne den FC St. Pauli ist wie die Elbe ohne Wasser. **Der FC St. Pauli ohne Rainer Wulff ist wie Musik ohne Ton.**«

(Seit 1986 ist Rainer Wulff die Stimme des Millerntors. Hier gratuliert die Stadionzeitung »Viva St. Pauli« zum 20. »Dienstjubiläum«.)

Rainer Wulff in der Sprecherkabine des alten Millerntor-Stadions

Rainer Wulff als Don Giovanni bei den Eutiner Festspielen. Der vielseitige Ex-NDR-Journalist ist auch als Opern-Juror tätig und nahm ein Hörbuch mit eigenen satirischen Texten zugunsten von 1910 e.V. auf.

1989: Ein Autohersteller will sein neues Cabrio bewerben - Rainer Wulff ahnt, wie das bei den Fans ankommt. »Darum habe ich mich ins Auto gesetzt, um das Schlimmste zu verhindern!«

»Ich **begrüße jetzt all jene Zuschauer, die ihre Uhr nicht auf die Sommerzeit einge-stellt haben** und die erst jetzt bei uns eintreffen. Spielstand 1:0 für St. Pauli, wir wünschen Ihnen eine schöne zweite Halbzeit!«

(Zeitumstellung? Kein Problem! Für Zuschauer, die die Uhr nicht umgestellt hatten, gab es in der Aufstiegssaison 1987/88 eine Extra-Ansage Rainer Wulffs.)

Trainingslager

»Es war eigentlich **eine Farce.** Aber wir kannten nichts anderes!«

(Dirk Zander über die Trainingslager der 80er)

»Zwei Wochen Trainingslager auf Fehmarn. Ich war gerade von Werder gekommen und kannte noch gar nicht alle. Nach dem Essen sagt irgendwer: ›**Wir treffen uns alle bei Walter Frosch im Zimmer. Mannschaftsbesprechung!**‹ Ich da rein, größeres Zimmer, alles vernebelt. Von rechts kam dann ein Humpen Bier, hinten stand ein Fass, und von vorn kam Walter Frosch. **Das vergesse ich nie wieder!**«

(Hansi Bargfrede)

»Ich habe noch nie ein Trainingslager erlebt, wo es mehr oder weniger Vorgabe war, jeden Abend auszugehen! Uns wurde gesagt: ›**Ihr seid hier auch auf einer diplomatischen Mission.** Wenn ihr abends mal weggehen und ein Bierchen trinken wollt, dann macht das.«‹

(Robert Palikuca über das Trainingslager in Kuba im Januar 2005)

»Da ist der neue Trakt, in dem auch Ronaldo schon genächtigt hat. Wir sind im alten. Aber ich denke, dass die **Matratzen da auch okay** sein werden.«

(Michael Frontzeck kennt keine Starallüren.)

Eine recht gute Nacht

wünscht seinen Gästen

F. C. ST. PAULI V. 1910

»Das Leben ist kein Ponyhof«? Von wegen! Anfang der 80er Jahre war das braun-weiße Leben nicht trotz, sondern wegen der komplett leeren Vereinskasse **so sehr ein Ponyhof, dass die Mannschaft sogar auf einem trainierte.** Auf Einladung des Besitzers, FCSP-Präsident Kreikenbohm, hieß es: **Doppelpass im Voltigiersand.** Hüa!

Oberstaufen, 2015:
Ziereis, Verhoek und Maier
regenerieren im Eiswasser.

Mixed Zone #4

»Als ich elf war, war ich auch schon top drauf. **Als ich dann noch mit dem Rauchen aufgehört habe, ging's richtig ab!**«

(Ewald Lienen auf einer Pressekonferenz)

•••••••••••••••••••••••••••••••••

»Die haben kein Geld gekostet, die Leute! **Die haben wir ohne Geld gekriegt! Und ohne Geld genommen!**«

(St.-Pauli-Willi ist begeistert über die 2001er-Aufstiegsmannschaft.)

•••••••••••••••••••••••••••••••••

»Es ist nicht so einfach. Meine Mami hat gesagt, **ich soll nicht im Dunkeln heim-kommen.**«

(Martin Driller auf die Frage eines Fernsehreporters, ob der Aufstieg denn auch richtig gefeiert werde)

»Ich war Halbstürmer – gegen den HSV doppelt so stark!«

(Und das wäre auch so gewesen, wenn St.-Pauli-Willi, im Bild links, nur auf der Tribüne gestanden hätte.)

Reporter: »Herr Rath, was würden Sie tun, wenn Sie für einen Tag Bundeskanzler sein könnten?«

Marcel Rath: »**Einen Tag frei-nehmen!**«

(»Harry, das Kampfschwein« weiß Prioritäten zu setzen.)

Schlagzeile vom 22. April 1990. Noch unfassbarer: Auch mit der Meisterschaft wurde es nichts!

Seite 120 BILD am SONNTAG, 22. April 1990

Peinlich! St.Pauli verschenkte letzte UEFA-Cup-Chance

Von BJÖRN SÖNKSEN und MANFRED MUCH

Die 80er Jahre. Auswärtsspiel gegen Hannover 96. 20.000 bis 25.000 Zuschauer werden erwartet. Treffpunkt Heiligengeistfeld, alle sind da – so weit, so gut. Doch was, wenn man **stundenlang wartet und der Mannschaftsbus nicht kommt?** »Irgendwann kamen die auf die Idee: Wir müssen Privatwagen nehmen«, erinnert sich Hansi Bargfrede. »Drei, vier Mann in jedem Auto. Wir waren schon ziemlich spät dran – und dann stehst du da bei den Fans in den Schlangen und kommst nicht ins Stadion!« Die vehementen Beteuerungen à la **»Wir sind Spieler des FC St. Pauli und müssen ganz dringend hier rein«** erzeugten nur ungläubiges Gelächter. »Das ging erst weiter, als wir drinnen jemanden per Telefon erreichten und die uns rein-holten«, schmunzelt Bargfrede noch heute: »Verrückt. Wir haben dann auch 1:4 verloren.«

Borger: »**Flugverbot?** Großes Problem für mich. Meine Eltern sind dadurch noch länger im Urlaub. Das bedeutet: Ich muss noch länger die Blumen gießen. Also: Sofortige Aufhebung!«

Boll: »Außerdem darf er jetzt nicht mehr **mit seinem Privatjet von Kiel nach Hamburg**, sondern muss wieder mit dem Dacia über die Autobahn.«

(Dialog nach Ausbruch des isländischen Vulkans Eyjafjallajökull in der Sendung »Dadings« auf FC St. Pauli TV)

»St. Pauli war für mich das Haiti Deutschlands.«

(Vom haitianischen Nationaltrainer zum FCSP-Coach? Ist doch sonnenklar, fand Sepp Piontek in den 70ern.)

»Ein Edeltechniker, der im Körper eines Storches gefangen ist.«

(Timo Schultz über Morike Sako – im Bild rechts mit Filip Trojan)

Was sagt man, wenn der wohlverdiente **Urlaub** etwas umfangreicher ausgefallen ist als vereinbart – um, sagen wir, so etwa **35 Tage länger?** Verteidiger Jean-Clotaire Tsoumou-Madza, 1999 vom SV Meppen zum FC St. Pauli gewechselt, hatte sich eine raffinierte Strategie zurechtgelegt. Schwungvoll die Tür zur Geschäftsstelle öffnen, gutgelaunt eintreten und strahlend rufen: **»Tsoumou ist wieder da!«**

Die Kunst des Aufstiegs: 2007

»Es gibt immer wieder **Mannschaften**,
die mit einem Trainer perfekt harmonieren.
Das war bei Stani und uns der Fall.«

(»Capitano« Fabio Morena)

»In dieser Liga ist der Ball eckig, das Spiel dauert
900 Minuten, und die elf Freunde, die man sein soll,
stehen im Gästeblock und stellen den versammelten
Auswärtsmob irgendeiner Zweitmannschaft dar.«

(Die Stadionzeitung »Viva St. Pauli« findet die Regionalliga richtig super)

»Die Regionalliga geht mir
auf die Eier.«

(Stürmer Marvin Braun meint dasselbe wie die »Viva« –
und verwandelt seine Aussage lieber direkt.)

Aufstiegsfreude auf dem Spielbudenplatz

»Dann habe ich mich **entschlossen, das Ding an den Pfosten zu setzen** und danach eine Nacht zu feiern.«
(Michél Mazingu-Dinzey über sein Fast-Tor kurz vor Schluss des Aufstiegsspiels gegen Dresden)

»Wenn wir nicht aufgestiegen wären, hätte ich ihn **umgebracht.**«
(Fabio Morena über Mazingu-Dinzeys Alu-Treffer – zum Glück reichte auch das 2:2.)

»**Ich danke Gott!** Ohne ihn hätten wir das alles nicht geschafft!«
(»Sir« Charles Takyi)

»**Ich danke unseren Fans** – mit jedem anderen Publikum hätten wir heute verloren.«
(Patrik Borger)

»Jetzt wird **drei Tage durchgesoffen**!«
(Fabian Boll, wie immer vorbildlich)

Starschnitt
Günter Peine und Herbert Müller

1941: Herbert Müller im Dress des FC St. Pauli

Sie waren **die besten braun-weißen Vorbilder**, die man sich nur denken konnte: Günter Peine und Herbert Müller hatten in ihrer Kindheit zusammen mit dem späteren St.-Pauli-Idol Harald Stender als Straßenfußballer die Hinterhöfe des Viertels unsicher gemacht, zeigten später starke Leistungen in der 1. Mannschaft – und blieben ihr Leben lang **liebenswürdige, offene, humorvolle und weise Botschafter** des FC St. Pauli. Wer wissen wollte, was Braun-Weiß besonders macht, musste einfach nur die beiden fragen.

»Wenn mal ein Schutzmann kam, um uns zu vertreiben, **sind wir einfach die Straße runtergerannt**, über die Grenze von Altona nach Hamburg.«

(Grenzen clever für den Straßenfußball nutzen? Das konnten Herbert und Günter!)

»Ich erinnere mich noch gut an ein Spiel im Winter gegen Union, da verloren wir 2:11 – unser Torwart Theo Quest war nämlich schneeblind ...«

(Günter Peine)

»Gegen Uwe Seeler hab ich nicht gespielt – aber oft gegen seinen Vater Erwin. Einmal kommt eine Ecke rein, und ich komm gar nicht hoch – **da hatte der meinen Hemdzipfel zu fassen!** Als die Situation vorbei war, da sagt der zu mir: ›Wieso springst du denn nicht?‹ Ja, das war der Erwin, der hatte mehr solche linken Tricks ...«

(Herbert Müller)

»Ist doch 'ne tolle Sache dieses Jahr: 100 Jahre FC St. Pauli, 90 Jahre Günter Peine und **80 Jahre Mitgliedschaft im Verein!**«

(Günter Peine 2010 – Herbert Müller musste aus beruflichen Gründen zeitweilig zum SV Polizei wechseln.)

»Sankt Pauli zieht die Herzen an
Egal woher sie kommen
Sankt Pauli bietet Freundschaft an
Hier wird man aufgenommen

Sankt Pauli bleibt der gute Geist
Der in die Herzen geht
Sankt Pauli bleibt Sankt Pauli
Auch wenn mal Halbmast weht«

(Auszug aus einem Gedicht von Günter Peine – das er unter anderem auch beim Jubiläumskonzert vor 20.000 andächtig lauschenden St. Paulianern am Millerntor vortrug)

1935: Günter Peine (oben, 2. v. l.) in der Knabenmannschaft des FC St. Pauli

Zeitmaschine:
die 2000er

»WIR HABEN alle diesen unerschütterlichen **Glauben, dass die Tortur, dass diese Marter bald vorbei ist.** Und dann sitzt oder stehst du da, guckst aufs Spielfeld und denkst: ›Das kann doch nicht wahr sein, **warum sind hier 20.000 Leute?**‹«

(Musiker und St.-Pauli-Fan Bela B über die Regionalliga-Jahre)

Neues Jahrtausend? Im Clubheim wird noch schön »Oldschool« gefeiert.

»Marcus, **ich finde, wir sind insolvent.**«

(Geschäftsführer Frank Fechner zu Vizepräsident Marcus Schulz)

»St. Pauli, **McDonald's –** und die CDU!«

(»Retter«-Shirts im Schnellimbiss? CDU-Bürgermeister von Beust als Dauerkartenverkäufer? Manche »Retter«-Aktionen waren ein gefundenes Fressen für kreative Altona-93-Fans.)

Am **Anfang ein Aufstieg,
am Ende ein Aufstieg,** dazu ein 100. Geburtstag
– und zwischendurch ein Weltuntergang: Die »Nuller«
waren ein bemerkenswertes braun-weißes Jahrzehnt. Die
Euphorie des komplett unerwarteten Erstliga-Ausflugs
2001 wurde mit dem Doppel-Abstieg von 2002 und 2003
wirksam kompensiert – und als hätte das Drittliga-Elend
nicht gereicht, stand der Verein auch noch finanziell vor
dem Abgrund. Aus dem »Weltpokalsiegerbesieger«-Shirt
von 2002 wurde nur ein Jahr später das »Retter«-Shirt. Und
wer zu dieser Zeit darüber fantasiert
hätte, dass schon ab 2007 das oft ange-
kündigte neue Stadion entstehen würde,
den hätte wohl niemand als »noch zu
retten« angesehen.

Starschnitt
Ralph »Felgen-Ralle« Gunesch

2003-6, 2007-12	
👞 190	⚽
	4

»Er kritisiert den **DFB,** positioniert sich öffentlich **gegen Rassismus** und **adoptiert kranke Hunde.** Das Erstaunliche: Ralph Gunesch ist Fußballprofi.«

(Porträt in der »11 Freunde«, 2015)

»Für viele von uns war St. Pauli ein **Glücksfall.** Für mich natürlich auch!«

»Während meines Bundesliga-Jahres **2010** habe ich einen völlig überteuerten Preis für mich selbst bezahlt – einfach, weil ich mich haben wollte.«

(Auf die Frage »Hast du dich schon mal selbst gekauft?« zum Fußballmanagerspiel »Comunio«)

»Labert mit eurem **rassistischen Müll** euren **Wandteppich** voll!«

(Nach Guneschs Wechsel zum FC Ingolstadt wird sein Mitspieler Danny da Costa von Fans des TSV 1860 München rassistisch beschimpft. Ralles Reaktion auf Facebook ist deutlich.)

»Die **Steine**, die sich uns in den Weg stellen, mit denen werden wir am Ende den Weg zum Klassenerhalt pflastern.«

(Saison 2010/11, 26. Spieltag: Schon wieder verloren – 1:2 gegen den VfB Stuttgart. Doch das kann einen Ralle nicht erschüttern!)

»Dass er als Autonarr keinen Tropfen Alkohol trinkt, ist ja klasse. Aber wie Ralle es geschafft hat, bei unseren **Saison-Abschlussfahrten** nach Mallorca keinen Tropfen zu trinken, ist mir schleierhaft.«

(Fabian Boll)

Reporter: »Du bist ja generell **oft online**, oder?«

Gunesch: »Also **ohne Facebook** hätte ich keine Freunde mehr!«

»Ich habe Wochen gebraucht, um allen Leuten glaubhaft zu versichern, dass das nur ein Spaß war.«

Als »Felgen-Ralle« 2006 zu Mainz 05 wechselte, verabschiedeten ihn seine Teamkameraden per »Kontaktanzeige« in einem Boulevardblatt.

»**Activation**!« So viel zum Thema **Anglizismus** und deutsche Sprache. Das deutsche Wort lautet übrigens: **Aktivierung**!«

(Sprachkritiker Gunesch nimmt's bei der Vorführung der »Jahr100-Community« sehr genau.)

FC St.Pauli-Star sucht ein Mädel mit heißen Kurven

FLG RLL

Hafenkrankenhaus

»Erst bricht er sich den Unterarm, die Mannschaft verliert, dann kriegt er 'ne Geldstrafe, dann wird er operiert, kann aber vorerst nicht mehr auf Zetteln schreiben…**und jetzt entlässt ihn auch noch der Verein via Twitter.** Wird wohl nicht seine Lieblingswoche im Jahr 2015. Weiter, Ewald, immer weiter!«

(Beim Auswärtsspiel in Heidenheim rutscht Ewald Lienen 2015 unglücklich aus – und der »Übersteiger« kondoliert dem verletzten Trainer, inspiriert von dem unten rechts abgebildeten Tweet.)

»Es geht eigentlich ganz gut. Ich kann nur nicht **mit dem Finger in der Nase bohren.**«

(Für Marcel Eger lagen 2008 Freud und Leid dicht beieinander: Ob er sich den Mittelfinger nun beim Erzielen seines Siegtores gegen Koblenz oder beim frenetischen Torjubel brach, ist bis heute nicht ganz sicher.)

Tweet

FC St. Pauli ✔
@fcstpauli

Ewald Lienen ist am Di. (28.4.) erfolgreich am Arm operiert worden. Bei gutem Verlauf ist eine Entlassung am Mi. (29.4.) vorgesehen. #fcsp

5:48 PM · 28 Apr. 15

Zum Glück ist alles wieder verheilt, und die Sache mit der Entlassung war wohl doch ein Missverständnis.

Hilfsbereit lebt es sich gefährlich: 1997 half Angreifer Jens **»Gerdl« Scharping** einem Freund beim Umzug. Leider bekam er die Hand beim **Absetzen einer Waschmaschine** nicht rechtzeitig weg und brach sich die linke Mittelhand – drei Wochen Gips, drei Wochen Spezialmanschette. Die Presse witzelte: **»Das GIPS doch gar nicht!«**

»Reeperbahn-Beckenbauer« **Dirk Dammann** wählte einen anderen Ansatz: Die Jochbeinprellung samt blauem Auge aus seinem **Infight mit der Badewanne im Teamhotel** hätte ihn noch nicht vom Spielen abgehalten. Doch als ihm beim Warmmachen auch noch Blut aus den Nasennebenhöhlen lief, warf Teamarzt Benckendorff das Handtuch. Angeblich hatte Dammann sich **beim Naseputzen auch noch das Siebbein gebrochen.**

● ●

»Da hatte er sich extra schon ein **Pflaster geben lassen gegen Heuschnupfen,** und dann musste er erkennen, dass die wahre Gefahr im Leben eines Fußballers doch von woanders kommt.«

(Alternative Heilmethoden anno 1996: Oliver Schweißing gibt den Nasenpflaster-Pionier. Moderator Jörg Wontorra ist die innovative Atemhilfe trotzdem suspekt.)

»Ich habe **meinen Oberschenkel für die Schönheit unseres Sports geopfert.«**

(Ewald Lienen über das wohl bekannteste Foul der Bundesligageschichte: Werder Bremens Norbert Siegmann verpasste dem damaligen Arminia-Bielefeld-Stürmer eine 25 Zentimeter lange, klaffende Wunde.)

»Der Werder-Anwalt hieß ausgerechnet **von Kummer** und residierte in der **Knochenhauer-straße Nummer 14.** Das war für uns das absolute Highlight!«

(Humor ist, wenn man trotzdem lacht: Heute haben Lienen und Siegmann sich längst vertragen – und der ehemalige Bremer Defensivmann ist inzwischen bekennender Buddhist.)

Starschnitt
Dirk Zander

»Bei St. Pauli werde ich **in keinem Fall Vollprofi.** Dafür gebe ich meinen Beruf als Chemiefacharbeiter nicht auf!«

(Dirk Zander im Spätherbst 1986)

1986–91	
170	⚽
	51

»ZANDERSTRUCK!«

Dirk Zander

Deutscher Ring

Zum Glück hat sich Dirk Zander die Sache mit seinem Beruf noch mal überlegt: 1988 schoss der torgefährliche Mittelfeldspieler den FC St. Pauli mit seinem 1:0 gegen Ulm in die 1. Bundesliga. 1991 gelang ihm gegen den damaligen KSC-Keeper Oliver Kahn der bis heute schnellste Doppelpack der Bundesligageschichte: in der zwölften Sekunde und in der 4. Minute. Auch das schnellste Bundesligator gehörte lange ihm – bis Bayerns Giovane Elber einen Treffer in noch weniger als zwölf Sekunden schaffte.

»Irgendwann war ich dann auch froh, wenn ich **nach dem Punktspiel und meinen 5 bis 6 Bieren zu Hause** war und die Füße hochlegen konnte.«

(Fußball ist auch Arbeit, findet Dirk Zander.)

»Wir hatten immer **stechenden Durst!**«

(Und den stillten Zander, Golke & Co. am liebsten im ersten »VIP-Raum« der Vereinsgeschichte: der Clubheim-Küche.)

Starschnitt
Franz Gerber

1972–74, 76–78, 86–88	
160	109

»Man hat **als Spieler oftmals nicht das gemacht, was die Offiziellen wollten** – und ich besonders nicht.«

»Das ist **nicht so schwer,** wenn man weiß, wie es geht!«

(Reptilienfan »Schlangen-Franz« Gerber über den eigenhändigen Fang einer giftigen Kobra in Thailand – im Rahmen der Asienreise des FC St. Pauli)

In den Aufstiegsrunden zur Bundesliga scheiterte der FC St. Pauli in den 60er und frühen 70er Jahren regelmäßig. Den **ungewöhnlichsten Grund bescherte Stürmer-Ass Franz Gerber:** Kurz vor der Bundesliga-Aufstiegsrunde 1970/71 biss den Reptilienfan eine als Haustier gehaltene Kobra in den rechten Zeigefinger. Zum Glück hatte das nahegelegene Tropen-Institut das Gegenmittel da, und Gerber kam mit dem Leben davon – doch die bis dahin sensationelle Form war dahin. »Ich hatte ja damals meinen Schlangenbiss, leider. Sonst hätte ich ja viel mehr Tore gemacht!«, erzählt er heute.

Torjäger von der Schlange gebissen!

Franz Gerber (FC St. Pauli) schwebte in Lebensgefahr

Transferbörse

»Hier ein Schweinchen, da ein Schweinchen. **Bis plötzlich eine Schweinebande fertig war!**«
(Zeugwart »Bubu« Bubke über die Mannschaftszusammenstellung Anfang der Saison 2003/04)

Ich bitte um **eine Vereinsnadel und um einen Mittelstürmer.**
(1974: St. Paulis Zeugwart Jürgen »Mille« Milewski schreibt an den FC Bayern. Die Verpflichtung kommt tatsächlich zustande – doch das Offensivtalent Klaus-Dieter Bone setzt sich beim FC St. Pauli ebenso wenig durch wie in München gegen Paul Breitner und Gerd Müller.)

»Fußball ist reiner **Menschenhandel!**«
(Florian Lechner)

Juli 2001: Spannung auf dem Trainingsgelände des frischgebackenen Erstligisten FC St. Pauli. Ein neuer Wunderstürmer aus Russland soll getestet werden. Wer das sein wird? Manager Beutel: »So richtig weiß das nur der Trainer.« Trainer Demuth: »Weiß ich auch nicht. *Der Zettel, auf dem sein Name steht, liegt bei mir zu Hause auf dem Schreibtisch ...*«

Was macht man, wenn der neue Kracher für den Sturm unterschreibt, aber der Cheftrainer fürs obligatorische Verpflichtungsfoto nicht verfügbar ist? Klar: Man nimmt einfach **einen Praktikanten mit Ewald-Lienen-Maske!** Ein Kunstgriff, der im Sommer 2016 europaweit für Vergnügen sorgte.

Begeisterung in der Geschäftsstelle: Dass 2012 noch **Spieler per Fax** angeboten werden, ist ein markanter Schachzug. Für noch mehr Aufmerksamkeit sorgten allerdings die säuberlich notierten **YouTube-Links zum Abtippen.** Woran die Verpflichtung von Stürmer Giancarlo Lopes Rodriguez scheiterte? Wir wissen es nicht …

Weltbester Betreff, weltbester Spielername: »Bitte schauen liebevoll«, hieß die Betreffzeile der Mail an die Geschäftsstelle des FC St. Pauli. Absender Agnaldo N. empfahl seinen Sohnemann Ben Hur N. zur Sichtung: »Good afternoon Herren.

Dies ist eine ausgezeichnete Jungen linken Seite und hat keine Möglichkeit zu bekommen ein großer Klub mit Ausnahme von dieser Route.« Besondere Stärken: **»Professional, great fitness, links, geschickte, große Stücke Taker und Ecken, Hin- und hergerissen, vitality, great zwischenmenschliche Beziehung.«**

»Wir waren alle unschuldig … Ein Traum, ein Paradies, ein unbeschwertes Trainer-Dasein.«

(Über die Verhältnisse nach dem Bundesliga-Aufstieg 1988)

»Vielleicht liegt's daran, **dass sie mit ihrer Werbung etwas verhindern wollen:** Diesmal hat es Homburg geschafft, ein Fußballspiel zu verhindern.«

(Frust nach einem 1:1 des FC St. Pauli gegen den FC Homburg – damals mit dem Kondomhersteller »London« als Brustsponsor)

»Wir haben wieder zu **null** gespielt. Allerdings auf der falschen Seite.«

»Natürlich darf es kein Spinner sein. Wenn ich nachts anrufe und sage: ›Komm, wir spielen drei gegen drei aufs kleine Tor!‹, dann muss der fünf Minuten später da sein. Sonst passt er nicht rein.«

(Als junger St.-Pauli-Trainer beschreibt Schulte sein Idealbild eines Neuzugangs.)

»Ich war Vorstopper, das sagt alles. **Kein Mensch, kein Tier, die Nummer vier**.«

Beinahe wäre Helmut Schulte das auch beim FC St. Pauli geworden. Dabei hatte der frisch diplomierte Sportpädagoge eigentlich keinerlei Hoffnungen auf eine Profikarriere, als er den damaligen St.-Pauli-Coach Michael Lorkowski in der gemeinsamen Ausbildung zum Fußball-Lehrer kennenlernte. Per Arbeitsbeschaffungsmaßnahme, zu 70 Prozent vom Arbeitsamt finanziert, sollte Schulte ans Millerntor kommen. Stellenprofil: Co- und Jugendtrainer. Doch dann war die St.-Pauli-Defensive durch den überraschenden Weggang Reenald Kochs unterbesetzt, und plötzlich hieß es: **»So, Langer, du trainierst jetzt volles Rohr mit!«** Leider meldete der FC St. Pauli seine Spontanverpflichtung zwei Tage zu spät an den DFB. »War ärgerlich«, findet Schulte bis heute: **»Sonst hätte ich noch einen Lizenzspieler-Vertrag unterschrieben. Wäre nicht schlecht gewesen in meiner Vita!«** So kommt es, dass Helmut Schulte auf dem 1985er-Mannschaftsfoto des FC St. Pauli in Spielerkluft posiert – aber nur einmal (1986) als Spieler aushalf.

Mixed Zone #5

>**Fußball ist wie eine Frikadelle** – man weiß nie, was drin ist.«

(Martin Driller)

Auch die »Haupt« weiß Bescheid.

Wie das mit dem berühmten **Spagat zwischen »Kult« und Kommerz** so richtig flutscht? Das wusste man schon in den 90ern, wie Videoaufnahmen eines Sponsorentermins bei einem Würstchen-Hersteller beweisen.

Chef: »Wir mischen uns da nicht in die Aufstellung ein, und **wir maßen uns da auch nicht zu viel an**.«

Reporter (aus dem Off): »Keine falsche Bescheidenheit. Wir fragten einmal die Mitarbeiter, **welchen Anteil ihr Arbeitgeber am Erfolg des FC St. Pauli wohl hat**.«

Mitarbeiter 1: »Au ha, das is schwer zu sagen. Ich schätz mal – **50 Prozent**.«

Mitarbeiter 2: »Die Hälfte, schätz ich mal. **50 Prozent!**«

>»Langfristig werden auch wir **Spieler haben, die Stars sind**.«
>*(Prognose Helmut Schultes am 2. Januar 1989)*

»Als Timo Schultz bei unserer Aufstiegsfeier 2007 auf Mallorca auf einem Barhocker stand und umfiel, packte ›Calle‹ ihn per Reflex am Gürtel und setzte ihn sanft auf dem Boden auf.

Mehr Profi geht nicht!«

(Christian Bönig über Carsten Rothenbach)

»So ist **Klaus Ottens ein Ankumer Markenzeichen wie** der Artländer Dom, Georg Preuße alias ›Mary‹ und **das Softeis im Café Sich**.«

(25 Jahre später beweist die »Neue Osnabrücker Zeitung« am Beispiel des berühmten »Weißen Hais« aka »Otti,Otti,Otti«: Schulte hatte Recht!)

»Da kann ich auch Abwasch-wasser saufen. Aber es nützt ja nichts. Das Zeug muss trotzdem rein in die Rübe. Ich darf die Brauerei doch nicht im Stich lassen, die müssen sonst ihre Leute entlassen, und ich muss noch mehr Steuern zahlen.«

(Zeugwart »Bubu« Bubke ist mit dem Gerstensaft im Amrumer Trainingslager gar nicht zufrieden.)

Mai 2014: Länderspiel in Hamburg. Die Natio-nalmannschaft trainiert am Millerntor. Und »neutralisiert« zuvor den heiligen Schriftzug **»Kein Fußball den Faschisten«** auf der neuen Gegengerade – angeblich sei das in einer Demokratie keine Selbstverständlichkeit, sondern ein »politisches Statement«, so der DFB. Und man wolle doch keine Fernsehbilder, auf

denen möglicherweise das Wort »Faschist« hinter einem deutschen Nationalspieler zu sehen sei. Das war natürlich aus diversen Gründen ein **unglaublich kluger Schachzug**: Nicht nur, weil sich tagelang das halbe Internet über den DFB aufregte. Sondern auch, weil der übrig bleibende Schriftzug natürlich VIEL besser war: Jogi Löws Team trainierte nun unter den erhabenen Worten **»KEIN FUSSBALL«**.

»Wir spielen in Braun-Weiß. *Zumindest hören wir so auf!«*

(Stürmer Marcel Rath antwortet auf die Fankritik, dass die neuen Trikots zu wenig Braun enthielten.)

»Man kann ja nicht immer nur Spaß haben im Leben.«

(»Weltpokalsiegerbesieger«-Torschütze Nico Patschinski verdient seinen Lebensunterhalt inzwischen als Bestatter.)

Sommer 2016: In einer TV-Sendung hilft Bestatter »Patsche« dem Ex-Keeper Tim Wiese, dessen altes Ego zu beerdigen.

Starschnitt
Fabian Boll #3

»Wenn man **scheiße spielt und gewinnt**, spiele ich gern scheiße.«

»Die Beine sind schwer, der Kopf leer. **Ich kann mich bald in den Schrank sperren**.«

(Beide Zitate stammen aus einem Interview nach dem letzten Heimspiel der Hinrunde 2008/09, dem 3:2 gegen Koblenz.)

»Er macht von hinten mächtig Dampf / mit wenig Spiel und reichlich Kampf. / Mit Todesmut und Todesgrätschen / zieht er im Mittelfeld die Fädchen.«

(Aus: »Die Ballade von Fabian Boll« von Michael Pahl)

»Rechtzeitig zum letzten Punktspiel der Saison ist dann auch der **Deutschland-Kader** im Panini-Album komplett! #Fürimmer17.«

(Das Fanzine »Übersteiger« vervollständigt die Nationalmannschaft mit der einzig wahren Lösung fürs defensive Mittelfeld.)

»Ja, ich bin mit Uwe Seeler verwandt! Um viele Ecken und Tanten. Aber es stimmt, wie meine Eltern erzählen.«

(Geständnis zum Karriereende)

basch
ultrá sankt pauli

Vorstadt-**News:**
Uwe Seeler macht sich Sorgen um den HSV!

Starschnitt ....
Deniz Naki

2009–12

71 | ⚽
| 12

»Ich komme aus der Gosse, da wird man entweder **Zuhälter oder Fußballprofi**.«

»Ein Herz aus Gold, Instinkt wie ein Killer. / SL AMG und 'ne richtige Villa / Wenn ich treffe, dann **heftiger als Bombensplitter**.«

(In dem Song »Herz aus Gold« versucht sich Deniz Naki als Rapper.)

»Manchmal noch **lieblich wie ein Rosé**, aber er ist auf dem **richtigen Weg**.«

(2010: Ob Naki das gelesen hat? Nach dem Bundesligaauf-takt gegen Freiburg verteilt das »Hamburger Abendblatt« die Spielernoten mit einer »kolorierten Kritik«. Auch seine.)

»Ach, das kann man nicht beschreiben, **das musst du selbst erleben.**«

(Auf die Frage, wie er sein erstes Bundesligator erlebte)

Let's do it again!!!

Kogge versenken 2.0

»Als Naki die Fahne in den Boden rammte / und keiner von uns seinen Namen noch kannte«

*(März 2010: Beim Auswärtssieg in Rostock schießt Naki das 2:0 – und macht sich mit seiner »Mondlandungs-Flagge« im Rostocker Rasen unsterblich. **Thees Uhlmann** passt sogar den Liedtext von »Das hier ist Fußball« an.)*

Trainerkarussell

Reporter: »Herr Eilts, fahren Sie noch mit dem **Mannschaftbus** zurück nach Rostock?«

Dieter Eilts: »**Soll ich denn laufen?**«

(Pressekonferenz mit dem frisch entlassenen Hansa-Rostock-Coach nach der 2:3-Niederlage am Millerntor vom 6. März 2009)

»Wenn jetzt noch einer die **Farbe meiner Unterhose** weiß, dann mache ich mir Gedanken.«

(2011: Holger Stanislawski, inzwischen Hoffenheim-Trainer, über Journalisten mit Insiderwissen)

Reporter: »Kann jetzt **irgendein Trainer der Welt** den FC St. Pauli noch vor dem Abstieg retten?«

Maslo: »**Ja. Uli Maslo!**«

(0:4 am 28. Spieltag gegen den Tabellenletzten Freiburg: Das gab anno '97 eine breite Brust!)

»Wenn wir das Problem nicht in den Griff kriegen, **haben wir ein Problem.**«

(Joachim Philipkowski weiß, wo der Schuh drückt.)

»Ich glaube nicht, dass ich der Entertainer bin, der die Leute bei Laune halten muss. **Die Leute müssen mich bei Laune** halten!«

(Ewald Lienen über Spieler mit Motivationsproblemen)

EWALD LIENEN

Frontzeck: »Ich rede so viel mit meinen Spielern, das kannste dir nicht vorstellen! **Ich kann ja nicht noch nachts zu denen ins Schlafzimmer kommen!«**

Reporter: »Warum nicht?«

Frontzeck: »OK, ich werd' mir das überlegen. Und dann werd' ich nachts zu den Spielern einbrechen in deren Schlafräume, und ich werde denen sagen: ›**Ich möchte gern, dat du 'n Tor schießt am Wochenende!«**

(Neue Wege gegen die Torflaute mit »Front-Zecke« Frontzeck)

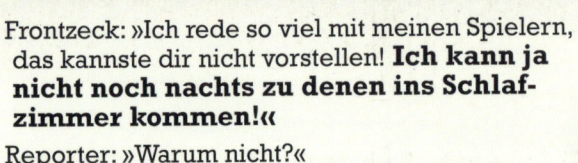

»Wir definieren Erfolg im Moment **nicht nur über Punkte.«**
(Thomas Meggle, nachdem sein erstes Spiel als Cheftrainer 1:2 verloren ging)

»*Einige müssen ihre Bauchmuskeln trainieren*, obwohl sie nicht mal wissen, was das ist. Wenn wir die trainieren, kommen sie am nächsten Tag und meinen, sie haben was mit dem Blinddarm.«
(Willi Reimann, Vorgänger Helmut Schultes beim FC St. Pauli und anschließend HSV-Trainer)

Sepp Piontek: »Niels, **Sie müssen mal ein unheimlich schlechtes Erlebnis im gegnerischen Strafraum gehabt haben.«**

Tune-Hansen: »Du, Trainer, wie meinst du denn das?«

Piontek (sich hinter der Taktiktafel versteckend):
»Du versteckst dich immer so!«

(Verteidiger Gino Ferrin über eine Szene aus den 70ern)

Uli Maslo: »Stani! Springer! Scharping! Ihr habt Schuld!«
Scharping: »Aber **Trainer, ich habe doch gar nicht gespielt** …«

(Szene aus einer Kabinenpredigt nach einem verlorenem Spiel)

»**Ecki Krautzun war 'ne Sensation.**
Einmal hat er in der Taktikbesprechung **zweimal Marcus Marin** an die Tafel geschrieben. Im Mittelfeld und im Sturm. Da wär mir fast der Keks aus dem Mund gefallen!«

(Thomas Meggle über sein erstes Jahr als Spieler beim FC St. Pauli)

147

Starschnitt
Marcel Eger

2004–11	
131	
	8

»Du würdest gut zu St. Pauli passen, weil **eine Grätsche dort mehr Applaus bekommt als ein Übersteiger**.«
(FCSP-Manager Georg Volkert zu Marcel Eger vor dessen Verpflichtung)

»Krass waren Spiele wie gegen Dortmund II. Da spielst du im Westfalenstadion, da gehen 80.000 Leute rein, und dann sind da vielleicht 1.000 St.-Pauli-Fans und **20 Familienangehörige von den Dortmunder Spielern**.«
(Über Regionalliga-Elend)

»**Meister Eger und sein iPod**«
(Sendung des Musikfans Eger auf »FC St. Pauli.FM«)

»**Mallorca ist schon ganz schön asozial.** Aber irgendwie erwischt man sich doch, dass man dann im ›Bierkönig‹ steht und besoffen irgendwelche deutschen Schlager mitgrölt.«
(Über die Aufstiegsparty 2007)

»St. Paulis **TorjEger**«
(»Mopo«-Schlagzeile nach dem 3:2 des gelernten Verteidigers gegen Koblenz)

In seinem letzten Heimspiel war Eger der einzige Torschütze: 1:8 gegen den FC Bayern.

»Projektbezogener Edel-Assistent bei Viva con Agua de Sankt Pauli e.V.«

(Angabe für »Arbeitsplatz« in Marcel Egers Facebook-Profil nach dem Ende seiner aktiven Laufbahn)

»Joy im TV, **Eger im Dschungel**«

(Schlagzeile eines Boulevardblatts über zwei Ex-St.-Paulianer bei der WM in Brasilien)

»Da wird man auf den Trucks so durchgeschüttelt, dass man von **Free Body Massage** spricht.«

(Über Reisekomfort in Kenia)

»›Egi‹ kickte zwischen **Ziegen und Rindern**«

(»Mopo«-Schlagzeile über denselben Trip)

»Es war sehr emotional, **teilweise sogar mystisch**.«

(Über eine Afrikareise für Viva con Agua, 2010)

»Eine Mannschaft kann niemals erfolgreich sein, wenn es nicht auch **Typen wie Egi** gibt.«

(›Viva con Agua‹-Gründer Benny Adrion)

B wie »Bokal«

»DFB-Pokal ist für den geneigten St.-Pauli-Fan ja immer **die Veranstaltung von Juli bis August.«**

(»Der Übersteiger« auf Twitter)

Pokal nur bis August? In einem denkwürdigen Jahr war das anders. Doch vor den DFB-Pokal hatte der Fußballgott 2005 für den Drittligisten FC St. Pauli erst einmal die Qualifikation gesetzt: Im Oddset-Pokalfinale gegen die Spielvereinigung Halstenbek-Rellingen (Verbandsliga) stand es nach über einer Stunde erst 1:1. Endlich schlug Heiko Ansorge eine Flanke hoch vor das Rellinger Tor – und der sonst eher glücklose **Stürmer Rico Hanke,** von manchen Fans als »die Schranke« bespöttelt, köpfte zum 2:1-Siegtreffer ein. Es war der wichtigste Treffer seiner Karriere – und sein letztes Spiel für den FC St. Pauli. Als seine früheren Mannschaftskameraden anschließend **Pokalgeschichte** schrieben und eine Mannschaft mit »B« nach der anderen ausschalteten, verfolgte Hanke es im Fernsehen.

»Fußball ist ein Freiluftsport!«

(Schiri Dr. Brych lässt sich nicht einschüchtern – und gibt den Platz frei. St. Pauli gewinnt am 25. Januar 2006 3:1 gegen Werder Bremen und zieht ins Pokal-Halbfinale ein.)

»VIERZUNUUUU-UUUUULLL…! **Altes Gemüsebeet!«**

(Das 4:0 gegen Bochum: Wolf Schmidt kriegt sich endgültig nicht mehr ein.)

»Noch mal zur Verdeutlichung: **Die Blauen sind der Zweitligist!«**

(4:0 in der zweiten DFB-Pokalrunde gegen den VfL Bochum, der Drittligist St. Pauli spielt den Tabellenführer der 2. Liga an die Wand – der Fernsehkommentator ist beeindruckt.)

»UND TOR, TOR, TOR, TOR, TOR, TOR, LECHNER, TOR, TOR, TOR, LECHNER – LEEEEEEECH-NER !!! LECHNER! … Ich hab eben Spieler gesehen, die haben **Drei-Meter-Hechtsprünge auf dem Rasen** gemacht, ich habe **Bodenturner gesehen, die ohne Weichbodenmatte springen** … Höchstpunktzahl zehn im freien Bodenturnen!«

(Das 3:0 gegen Bochum: AFM-Radio-Kommentator Wolf Schmidt sieht die Sache etwas weniger nüchtern als das Fernsehen.)

»Als ich beim Jubel die Fäuste ballte, hatte ich
sogar in den Fingern Krämpfe.«
(Florian Lechner über sein 3:3 im DFB-Pokal-Achtelfinale zwischen St. Pauli und Hertha BSC, das 4:3 n.V. endete)

»Wenn sich einer unserer Nationalspieler verletzt und wir deswegen **nicht Weltmeister werden**, sind **SIE** schuld!«

(Werder-Manager Klaus Allofs bei der Begehung des gefrorenen Platzes vorm DFB-Pokal-Viertelfinale am Millerntor zum Schiedsrichter)

Littmann: »Das ist wie beim Elfmeter. Wenn der Schiedsrichter pfeift, ist Elfmeter, wenn der Schiedsrichter sagt, es wird gespielt, dann wird gespielt. Der Schiedsrichter und die Platzkommission haben gesagt, es wird gespielt (Littmanns Handy klingelt vernehmlich), also…«

Delling: »Ich glaube, jetzt müssen Sie rangehen!«

Littmann: »Nee, ich muss nicht rangehen« (Delling lacht)

Allofs (angefressen): **»Das ist der Schiedsrichter.** Der Schiedsrichter!« (Handy klingelt weiter)

(Halbzeitinterview zum Werder-Spiel: Der Präsident des FC St. Pauli hat neben bester Laune auch sein neues Handy mitgebracht – und leider noch keine Ahnung, wie man es stummschaltet …)

Das letzte »B«: Im Halbfinale gegen Bayern bewiesen die Kiezkicker, dass man ein Spiel auch 0:3 gewinnen kann. Gegen Konter und »King Kahn« war kein Kraut gewachsen.

Starschnitt
Walter Frosch #4

»Der Unterschied zwischen **zweiter Liga** und Bundesliga ist folgender: **In der zweiten Liga kann ich in der Pause ein Bier trinken und nach dem Spiel sofort eine qualmen.** In der Bundesliga wird gekloppt. Da schmeckt mir noch drei Stunden nach dem Spiel keine Zigarette.«

(Walter Frosch erklärt »Bild« nach dem Aufstieg 1977 die Bundesliga.)

»Ich habe fast alle meine Gelben wegen Foulspiels gekriegt. **Denn ich habe meine Kontrahenten oft zusammen mit dem Ball umgenietet.**«

(Ball wegschlagen? Zeitspiel? So etwas hatte Walter Frosch für eine Gelbe Karte nicht nötig.)

»Walter ist nie vom Platz geflogen. Der ging ran wie **Nachbars Lumpi**, aber der wusste genau, wann Schluss war. Und er hatte eine Art, mit Schiedsrichtern umzugehen, die man heute nur noch selten findet. Wenn Walter einen umgehauen hat, dann hat er eben ›**Schiete**‹ gesagt, ›**das war nicht so gemeint**‹. Dem konnte man nicht böse sein!«

(FCSP-Mannschaftsbetreuer Hermann Klauck)

»Früher war's so: Wenn man anfing zu arbeiten, fing man auch an zu rauchen.«

(»Froschi« mit 15: Noch vor der Liebe entdeckte er die Zigaretten.)

2001: Frosch rauchend beim »Tag der Legenden«.

»Wenn du heute von hinten einmal reinhaust, dann biste ja gleich gelb, rot, dann biste ja gleich gesperrt, das geht ja alles gar nicht mehr. **Früher konntest du auch mal drei umfegen.**«

(Über den Fußball der 90er)

Der Neuling wurde zum Liebling
Walter Frosch spielt beim FC St. Pauli eine kesse Sohle

»Wenn du früher zum Trainer gesagt hast, du hast Kopfschmerzen, hat der gesagt: **›Geh ans Kopfballpendel, dann gehen die weg.‹** Und heute? Da schickt er dich zur **Kernspintomografie** …«

Auch das gibt's: Frosch
lobte den Schiedsrichter

»Ein Spieler soll sich mal geweigert haben, gegen Walter zu spielen. **Der Spieler wurde dann suspendiert.**«

(Eugen Igel, Hamburger Trainerlegende und Schiedsrichterbetreuer)

»Walter hat als Libero keinen Ball abgelaufen. Weil er dann mit dem Rücken zum Gegner stand und was machen musste, und das hätte dann schlecht ausgesehen. Er hat genau gewartet, bis der Gegenspieler den Ball unten hatte und dann ging es: Zack! Alle beide – und dann ging es an die Bande.«

(Mittelfeldmann Uwe Mackensen über die Tricks seines Defensivkollegen)

»Die Lust auf Zigaretten beginnt, sobald ich morgens aufsteh. Ich vermisse es. **Ihr könntet mir das ›Bild‹-Mädchen von Seite eins nackt auf den Bauch binden.** Ich würde sie sofort gegen eine Zigarette eintauschen.«

(Nach seinem krebsbedingten Nikotinentzug setzte Walter Frosch neue Prioritäten.)

Die Kunst des Aufstiegs: 2010

»Und schon wieder keine Schale, St. Pauliiii!«

(72:37 Tore, 64 Punkte: Bei einem Sieg im letzten Heimspiel gegen Paderborn hätte der FC St. Pauli die radkappenförmige Zweitliga-Meisterschale gewonnen. Leider gewannen die Gäste 2:1. Macht nix, gibt's eben 'ne echte Radkappe. Gesungen wird trotzdem.)

»Es tut uns leid, dass es heute mit der Schale nicht ganz geklappt hat. **Aber es gibt ja noch'n nächstes Jahr.«**

(Fabian Boll nach dem Abpfiff)

»Ich hab mich in Sicherheit gefühlt nach der kleinen Bierdusche. Aber dass beim zweiten Mal gleich alle Jungs mitmachen, da bin ich wahnsinnig enttäuscht von der Truppe. **Ich denke, ich werde alle entlassen und 'ne ganz neue Mannschaft aufbauen.«**

(Holger Stanislawski)

Überraschung: Nach dem Abpfiff des letzten Heimspiels lieferten die Boys in Brown, zur Hälfte in den Trikots diverser Bundesligisten, einen Schaukampf »St. Pauli vs. die Bundesliga«. Timo Schultz als dauerschwalbender David Jarolim kassierte Doppel-Rot von Schiri Christian »Django« Bönig, »Felgen-Ralle« Gunesch schoss das Siegtor für St. Pauli.

»So beschissen der Song ist: Wann immer ich den höre, denke ich an den Aufstieg und Fürth.«

(Fabian Boll über »I've been looking for freedom« von David Hasselhoff, das nach dem vorzeitig gesicherten Aufstieg per 4:1-Auswärtssieg in Fürth von DJ Marius Ebbers zur Aufstiegshymne gemacht wurde.)

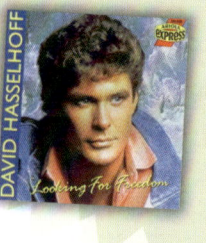

Taktiktafel:
das Inhaltsverzeichnis

Über 1910 e.V.

»Ein Verein wie kein anderer verdient ein Museum wie kein anderes«: So lautet das Motto von **1910 – Museum für den FC St. Pauli e.V.**, dem Herausgeber dieses Albums. Der gemeinnützige Verein, 2012 von Fans gegründet, plant, finanziert und baut das braun-weißeste Museum der Welt in der Gegengerade des Millerntor-Stadions – komplett mit Archiv. Für langjährige Fans und alle, die wissen wollen, wie ein kleiner Stadtteilverein zu einem der bekanntesten Fußballklubs Europas werden konnte – ohne

große Titel und ohne großes Geld. Mehr Informationen: **www.1910-museum.de**

Das gesamte Autorenhonorar dieses Buchs geht an 1910 e.V. **Jeder Käufer hilft mit, das FC St. Pauli-Museum zu bauen. Vielen Dank!**

So könnte die zukünftige Museumsfassade aussehen.

Über Christoph Nagel

Die Redaktion und das Verfassen der Texte für dieses Buch übernahm der freie Autor, Texter und Lektor **Christoph Nagel**. Das »FC St. Pauli Album« ist sein drittes Buch über den »Magischen FC«. Als Vorstandsmitglied bei 1910 e.V. setzt der studierte Historiker sich seit Jahren ehrenamtlich für das FC St. Pauli-Museum ein und stellt im Team mit vielen anderen Aktiven Veranstaltungen wie die **»Fußball und Liebe«**-

Festivals, die Ausstellung **»F*ck You Freudenhaus«** zum Werden und Bleiben des Millerntor-Stadions oder die Fan-Gala »Ein Kessel Braun-Weißes« auf die Beine. Die gemeinsam mit Michael Pahl verfasste Jubiläumschronik »FC St. Pauli. Das Buch« wurde zum **»Fußballbuch des Jahres«** der Deutschen Akademie für Fußballkultur nominiert.

Hall of Fame

Zahlreiche St. Paulianerinnen und St. Paulianer sind den Aufrufen von 1910 e.V. und FC St. Pauli gefolgt, Sprüche, Geschichten und Bilder zu diesem Album beizusteuern. Leider konnten wir nicht alle einge- reichten Beiträge einsetzen, doch wir freuen uns über jeden einzelnen und bedanken uns bei:

Aggi Meusel, André Greuelsberg, Andreas C. Mayer, Christoph Kröger, Claudia Hahne, Daniel Grunwaldt, David M. Gödersmann, Detlev Hanisch, Dirk Hansen, Fabrice Flashgott, Frank Keil, Greta, Hagen Leopold, Hans-Hermann Wacker, Hirten Ef, Ingrid Schimke, Jan Weckwerth, Jannick Bahl, Jens Jepp, Jörg Bartels, Jörn Koppelmann, Jörn Kreuzer, Kay Schernikau, Kurt Baumeister, Marlies Markward, Melanie Kindel, Michael Baalcke, Olaf Bartsch, Olaf Sobczak, Oliver M. Pinho, Oliver Müller, Optimistische Fatalisten, Rainer Zastrutzki, Ricardo Dienelt, Roger Hasenbein, Ronny Gal- czynski, Steffen Tretow, Sünje Nicolaysen, Tim König, Tobias Geisler, Tommy Molotow, Ulf Steuding, Ully Behrendt, Ulz Horn.

Ein großer Dank auch den vielen Fotografinnen und Fotografen, die ihre Arbeit kostenlos oder besonders günstig zur Verfügung gestellt haben! Ohne sie hätten wir dieses Buch so nicht realisieren können. Stellvertretend für viele andere möchten wir Antje Frohmüller und Stefan Groenveld nennen. Auch den Kollegen in FCSP-Medien- zentrum und Geschäftsstelle ein herzliches Dankeschön für ihre Hilfsbereitschaft. Und last but not least allen, die mit Choreos, Krea- tivität und der Kraft ihrer Kehlen den FCSP supporten. Großes Kino!

Persönlicher Dank

Christoph Nagel: Das war eine längere Reise als gedacht! Vielen Dank allen, die sie begleitet haben – unter anderem: Ben Rede- lings, der die Idee zu diesem Band hatte und ihn in »seine« Album- Reihe aufnahm. Simon Kraßort für die aufmerksame und geduldige Betreuung des Manuskripts und seinen Kollegen in der Grafik für die liebevolle Gestaltung. Dem Team von 1910 e.V., das immer wieder Unglaubliches auf die Beine stellt. Meinem Freund und Autorenkollegen Michael Pahl für die fantastische Zusammenarbeit an unseren gemeinsamen Büchern – auch das FC St. Pauli-Album hat von den akribischen Recherchen zum 100. Vereinsjubiläum profitiert. Der allergrößte und wichtigste Dank aber gebührt meiner Frau Sabrina Adeline. Niemand weiß besser als sie, wie viel Arbeit in diesem kleinen Büchlein steckt – und ohne ihre unendliche Geduld und ihren klugen Rat hätte ich es niemals zu Ende bringen können. Danke für alles!

»**St. Pauli**? Spielen
die international?«
»Nee. Die spielen
bei **Nieselregen**.«
»Tatort«-Kommissar Thiel

KEINEN FUSSBREIT
DEN FASCHISTEN

Keine Meisterschalen.

Dafür Geistesblitze. Geschichten. Gänsehaut: Dieses Buch ist **eine
braun-weiße Schatzkammer für alle, die den FC St. Pauli lieben.**
Voller Witz, Entdeckungen und Erinnerungen – und mit **unzähligen
Fotos und Abbildungen.** Zusammengetragen von **Christoph Nagel**,
mit neuen Funden aus dem zukünftigen
FC St. Pauli-Museum.

»EightByEight Magazine«, USA:

»**The club that
stands for all the
right things ...
except winning.**«

9 783730 702024

ISBN 978-3-7307-0202-4
VERLAG DIE WERKSTATT

1910.V.
EDITION Nº7

Weitere Alben

Je 160 Seiten, Paperback

9,99 €

Ben Redelings
Bundesliga Album
Unvergessliche Sprüche, Fotos & Anekdoten

Ben Redelings
Bayern Album
Unvergessliche Sprüche, Fotos, Anekdoten

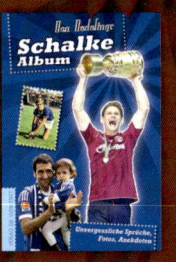

Ben Redelings
Schalke Album
Unvergessliche Sprüche, Fotos, Anekdoten

Ben Redelings
VfB-Album
Unvergessliche Sprüche, Fotos, Anekdoten rund um den VfB Stuttgart

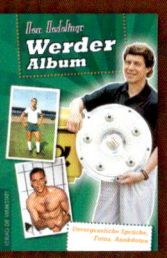

Ben Redelings
Werder Album
Unvergessliche Sprüche, Fotos, Anekdoten

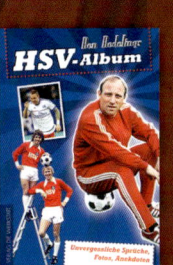

Ben Redelings
HSV-Album
Unvergessliche Sprüche, Fotos, Anekdoten

Ben Redelings
Eintracht Album
Unvergessliche Sprüche, Fotos, Anekdoten rund um Eintracht Frankfurt

Ben Redelings
FC-Album
Unvergessliche Sprüche, Fotos, Anekdoten rund um den 1. FC Köln

Ben Redelings
Borussia Album
Unvergessliche Sprüche, ... Fotos, Anekdoten rund um Borussia Mönchengladbach

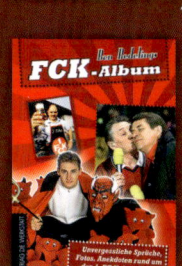

Ben Redelings
FCK-Album
Unvergessliche Sprüche, Fotos, Anekdoten rund um den 1. FC Kaiserslautern

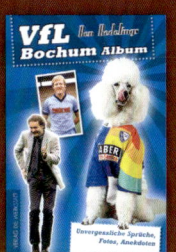

Ben Redelings
VfL Bochum Album
Unvergessliche Sprüche, Fotos, Anekdoten

Ben Redelings
BVB-Album
Unvergessliche Sprüche, Fotos, Anekdoten